वर्तमान जीवन के विश्लेषण से
आगामी जीवन जानें
और
भाग्य उदय करें

दिनेश सहाय

PG
PUBLICATION

Delhi - 110089, India

प्रथम संस्करण : 2021
ISBN : 978-93-90889-79-2

मूल्य : 295/-

© सम्बंधित रचनाकार के अधीन
आवरण : ज्योति

वर्तमान जीवन के विश्लेषण से
आगामी जीवन जानें और भाग्य उदय करें
-दिनेश सहाय

Vartman jeevan ke vishleshan se
Aagami jeevan jane or bhagy udye kare
-Dinesh Sahay

Published by
PRAKHAR GOONJ PUBLICATION
H-3/2, Sector-18, Rohini, Delhi-110089
Email : prakhargoonj@gmail.com
        sinha.neelu123@gmail.com
Ph. : 011-42635077, 7982710571, 7838505899
Web : prakhargoonjpublications.com

OM NAMO BHAGWATE VASUDEVAYA

CERTIFICATE OF
RECOGNITION
Dinesh Sahay
LITEROMA RISING STAR AWARD

ॐ गम गणपतिये: नम:

'हे ईश्वर, मुझ पर कृपा कीजिये कि मेरे सभी प्रकार के अंग हाथ, पैर आदि सभी प्रकार से पुष्ट हों तथा सभी इंद्रियां बल प्राप्त करें। मैं ब्रह्म का निराकरण न करूँ और ब्रह्म मेरा निकरण न करे और इस प्रकार हमारा निकरण हो। वे ब्रह्म रूप आत्माऐं मुझमें सदा बनी रहें। आध्यात्मिक, आदि भौतिक और आदि दैविक तप की शांति हो।'

(सामवेद-चन्दोपनिषद)

ॐ शांति शांति शांति

लेखक परिचय

दिनेश सहाय

Award winningAuthor
for best selling book,
'Can I Create What Stars Can't Foretell?'

पुरस्कार विजेता लेखक दिनेश सहाय ने 11 पुस्तकें और एक ऑडिओ पुस्तक लिखी है जिसमें 6 अंग्रेजी में, 3 हिंदी, एक तमिल और एक बंगाली भाषा में लिखी हैं। वर्तमान में दो पुस्तकें पब्लिश हो रही हैं। एक तमिल भाषा में और एक बंगाली भाषा में (उनकी अंग्रेजी-पुस्तक का अनुवादित संस्करण है)।

लेखक, दिनेश सहाय (बी एस सी, सी बी आई एम), एक विपणन पेशेवर ने भारत में कई कंपनियों में पूर्व महाप्रबंधक, डीएम के रूप में कार्य किया। उनका जन्म झांसी उत्तर प्रदेश में हुआ था, ग्वालियर मध्य प्रदेश भारत में अपने पिता, माता, बड़े भाई और एक बहन के साथ ग्वालियर में रहते थे, बाद में वे कानपुर चले गए। उनके पिता ग्वालियर एमपी भारत में जेसी मिल्स जेबी मनघरम, बिस्कुट और चॉकलेट फैक्ट्री में एक मैकेनिकल इंजीनियर थे। दादाजी महाराजा सिंधिया साम्राज्य ग्वालियर एमपी भारत में दरबारी थे, बाद में ग्वालियर में एक आश्रम की स्थापना की (गजरा राजा अपंग आश्रम शारीरिक रूप से विकलांग और पुरानी बीमारियों वाले लोगों के लिए)।

अपनी सेवा अवधि के दौरान, उन्होंने अपने कई सदस्यों, ग्राहकों, वितरकों, डीलरों और कई लोगों को जीवन में सकारात्मक सृजन के लिए अपने कार्यक्रम के बारे में बड़ी सफलता के साथ मार्गदर्शन किया (जिसमें व्यवसाय, वित्त आदि शामिल हैं। निर्माण की कला में विशाल व्यावहारिक अनुभव के साथ, उन्होंने 2003 में ब्लॉग और सोशल मीडिया के माध्यम से 'मेक योर ड्रीम्स कम टू' 'Make your Dreams Comes True' और 'एनलाइटन द लैंप ऑफ योर फॉर्च्यून' 'Enlighten the Lamp of your Fortune' कार्यक्रम शुरू किया। उन्होंने सदस्यों के साथ ऑनलाइन बातचीत की। उन्होंने सदस्यों को ईमेल के माध्यम से अपने कार्यक्रम को एक डिजिटल पुस्तक के रूप में वितरित किया और सामाजिक मीडिया पर भी किया।

लेखक दिनेश सहाय द्वारा लिखित पुस्तकें निम्नलिखित हैं।

1- A Yogi's Journey from Palace to Ashram (English)
2- A Story of Unbelievable Miracles of Life (English)
3- Can I Create What Stars Can't Foretell ? (English)
4- Miracles Through My Eyes (English)
5- Enlighten the Lamp of your Fortune (English)
6- Art of Staying Young While Growing Old? (English)
7- मस्तिष्क और विचारों से जीवन की रचना कैसे करें ?
8- वृद्ध होने पर युवा रहने की कला। (Hindi)
9- जीवन के कुछ अदभुत पल (Hindi)
10- तमिल भाषा: 'क्या मैं सपने देख सकता हूं और जीवन में जो चाहता हूं उसे बना सकता हूं'? (Tamil language)
11- बंगाली भाषा: वास्तविक जीवन में सपनों को पूरा करें। Fulfill Dreams in Real Life.
12- Audio-Book, 'Can I Create What Stars Can't Foretell ?' (Amazon, Kobo And many Global Links)

New Books releasing shortly.

13- वर्तमान जीवन के विश्लेषण से आगामी जीवन जानें और भाग्य उदय करें (वर्तमान पुस्तक)
14- The Power of 'Q' Analyse Youth Life ScoreAnd Assess Forth coming Life (current book)

Websites :https://authordineshsahaybooks.blogspot.com
https://createwhatuwant.blogspot.com/
Email :   dinesh.sahay1@gmail.com

पुरस्कार/प्रमाण पत्र, ट्रॉफी प्राप्त

उन्होंने नीचे दी गई पुस्तक 'मिरेकल्स थ्रू माई आइज' Miracles Through My Eyes के लिए सर्वश्रेष्ठ लेखक पुरस्कार, ट्रॉफी और प्रमाण पत्र जीते।

1- जनवरी 2020 को कोलकाता में आयोजित न्यू टाउन बुक्स फेयर 2020 में लिटरोमा 75 राइजिंग स्टार्स अवार्ड 2020 (Litroma 75 Rising StarsAward 2020 in New Town Book Fair 2020 Kolkata)
2- क्रिटिक स्पेस ऑनलाइन जर्नल-शीर्ष (Critic Space Online Journal) पुरस्कृत किया गया सर्वश्रेष्ठ 200 उपन्यासों के लिए

(पुस्तक, 'मिरेकल्स थ्रू माई आइज' को लिटरेचर लाइट एंड क्रिटिक्सस्पेस जर्नल के सर्वेक्षण के तहत भारत के शीर्ष–100 डेब्यू उपन्यासों में से एक के रूप में चुना गया था। पुस्तक का चयन पुस्तक की समीक्षाओं और पाठकों के बीच लेखक की लोकप्रियता के अनुसार किया गया था।)

3-   सर्वकालिक सर्वश्रेष्ठ लेखक के लिए लिटरेरी वॉयस मैगजीन
     पुरस्कार
4-   इंस्पायरो पुरस्कार विजेता (प्रिया का विजडम प्रकाशन)
5-   2021 के लिए टैगोर स्मारक मानद लेखक पुरस्कार।

     साहित्यिक योगदान और उससे आगे के लिए।

7 मई रवींद्र जयंती

(साहित्यिक उत्कृष्टता की भावना का स्मरण करने के लिए टैगोर के जन्मदिन पर, NE8x® लिटफेस्ट ने दान किया पंजीकरण से सामाजिक प्रभाव तक आय टैगोर फाउंडेशन स्कूल कोलकाता की पहल)

मैं इस पुस्तक को अपनी प्यारी माँ, पिता और दादा की समृति में समर्पित करता हूँ।

दादाजी नदी किनारे ध्यानमग्न

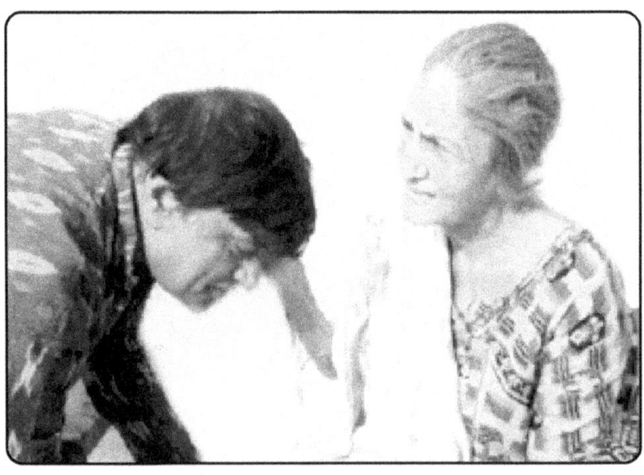

माँ का आशीर्वाद लेते हुए

स्वर्गीय माता और पिता

प्रस्तावना

एक लेखक/संरक्षक को ईमानदार, उदार, साहसी, ऊर्जावान, भावुक, स्पष्टवादी, प्रामाणिक और अपने पाठक या सदस्य या अनुयायी के प्रति समर्पित होना चाहिए और मैं अपने जीवन में इन सिद्धांतों का पालन कर रहा हूं। मैंने यह भी अनुभव किया कि यह मेरे लिए सम्मान की बात है कि पाठकों, सदस्यों और अनुयायियों के प्रेम के अतिरिक्त मेरे लिए और कोई सबसे अच्छा उपहार नहीं है। मैं उनकी चिंताओं के सार्थक ईमानदार संचार को सुनने और अपने अनुयायियों या पाठकों के साथ पर्याप्त सुझाव का उत्तर देने पर ध्यान केंद्रित कर रहा हूं, जो मुझे जब भी समय मिलता है तो मुझसे प्रसन्न करते हैं।

मैंने यह पुस्तक पाठकों के लिए यह समझने के लिए लिखी है कि जब वे पढ़ेंगे तो यह कई भ्रांतियों को दूर कर देगा जो उनके लिए यह एक आदर्श और लाभदायक होगा। प्रत्येक युवा पुरुष या महिला के लिए बेहतर है कि वह एक छात्र, पेशेवर या व्यवसायी हो, शांतिपूर्ण, समृद्ध जीवन जीने की नैतिकता को समझे। प्रारंभिक अवस्था में यह जानना उनके हित में है कि उचित सेटिंग से उनका आने वाला भाग्य किस तरह से होगा। यह अच्छा या बुरा हो सकता है, यह आपकी आदतों, व्यवहार, मानसिकता, पूर्व-निर्धारित धारणाओं आदि पर निर्भर करेगा। आप आत्म-विश्लेषण करके और फिर उस पर कार्य करके इसकी गणना कर सकते हैं।

मुझे आशा है कि प्रत्येक पाठक इसमें रुचि लेगा और इस अभ्यास को करना चाहेगा। मैं अपने सभी पाठकों के सुखी, स्वस्थ और शांतिपूर्ण जीवन की कामना करता हूं।

शुभकामना सहित,

दिनेश सहाय
दिनांक 2 अगस्त 2020

लेखक-संरक्षक

Websites : https://authordineshsahaybooks.blogspot.com/
https://createwhatuwant.blogspot.com/
Email :   dinesh.sahay1@gmail.com

पुस्तक परिचय

जीवन विश्लेषण के अनुभव, अच्छे और बुरी घटनाओं के मिश्रण और आगामी जीवन के लिए सुधार का एक निरंतर अभ्यास है। जो सही दृष्टिकोण से ऐसा करता है वह सफल होता है और दूसरे असफल।

लेखक ने इस पुस्तक को युवाओं को अपना जीवन शुरू करने में मदद करने के उद्देश्य से लिखा है, जिसका वह सपना देखना चाहता है, न कि जो दूसरों पर विवशता से या दूसरों के सुझाव पर जीवन में कार्य करें। वह सुझाव ले सकते हैं लेकिन जीवन को आगे बढ़ाने के लिए अपने इच्छाओं का उपयोग करना चाहिए। जब कोई व्यक्ति इस अभ्यास को शुरू करता है और अपने वर्तमान जीवन का विश्लेषण करता है, तो वह यह निर्धारित कर सकता है कि उसका आगामी जीवन कैसे आकार लेगा?

विशेष रूप से युवा जब अपना जीवन शुरू करते हैं तो उनके सामने चुनने के लिए कई विकल्प होते हैं, लेकिन इसका विश्लेषण कैसे करें? लेखक ने आगामी जीवन के लिए एक रेटिंग और स्कोर विकसित किया है जो उसके लिए उम्र के विभिन्न अंतरालों पर पूरे जीवन में सर्वोत्तम परिणाम देने के लिए गणना और सुधार करने के लिए एक पैरामीटर का उपयोग किया है।

पुस्तक में जीवन के खेल को जीतने के लिए कई दृष्टिकोण शामिल हैं जो उपलब्ध हैं, वैदिक दृष्टिकोण, ज्योतिष, अंकशास्त्र, रंग प्रभाव, सितारों और ग्रहों का प्रभाव और अंत में आगामी सफलता या विफलता के लिए युवा जीवन स्कोर की गणना। यह पुस्तक युवा वर्ग के लिए उपयोगी है और सभी जन के लिए भी।

संपादकों की टिप्पणी
दिनांक 2 जून 2021

अध्याय 1
एक सुखद दिन

अगस्त 2020 की गर्मियों की मध्यरात्रि थी। मेरी नींद टूट गई क्योंकि मैं एक विचित्र स्वप्न से गुजर रहा था। मैं घबरा गया और अपने बिस्तर से उठ गया। इससे पहले मैंने कभी भी इस तरह के वास्तविक स्वप्नों को निद्रा में अनुभव नहीं किया था। अधिकतर स्वप्न मेरी निद्रा में कभी नहीं आते हैं, और यदि वे संयोगवश आते भी हैं, तो मैं उन्हें याद रखता हूं। यह स्वप्न इतना वास्तविक था मानो मैं उस विशेष घटना में उपस्थित था। जब मैंने इस स्वप्न के बारे में सोचा, तो मैंने देखा कि इस तरह के स्वप्न मेरे पिछले जन्म चक्र से रहे होंगे। हालाँकि, यह विशिष्ट स्वप्न किसी जन्म-चक्र की तरह नहीं दिखता था, और मुझे प्रतीत हुआ कि यह सिर्फ एक विचार था जो एक सपने में प्रकट हुआ था। यह मेरी आंतरिक चेतना में ही था जिसने मुझे कुछ लिखने के लिए प्रेरित किया, जिसे मैंने अपने जीवन में बाल्यावस्था में याद किया था।

मैंने अपने पूर्व के जीवन को याद करने की चेष्टा की और यह पता लगाने का प्रयास किया कि मैंने अपने जीवन में क्या प्राप्त किया और जो मैं प्राप्त न कर सका। जीवन में कोई भी व्यक्ति पूर्ण संतुष्टि के साथ सब कुछ नहीं कर सकता, लेकिन कुछ न कुछ शेष अवश्य ही रह जाता है। फिर मेरे जीवन में क्या कमी है? इस का उत्तर भी आसान था! आप जीवन में कुछ ऐसा चाहते हैं जिसे आप प्राप्त करने में असफल हो जाते हैं, या यदि आपकी कोई इच्छा है जो अधूरी रह जाती है, तो निश्चित रूप से यह कमी आप जीवन में महसूस करेंगे हैं।

मैंने अपने जीवन में जो खोया था जो मैं चाहता था, उसे याद करना आसान था लेकिन अब उसी कम आयु में वापस जाना और फिर से एक सही विधि के साथ अपने जीवन को फिर से शुरू करना व्यावहारिक रूप से असंभव है। इसलिए, मेरे पास अब अपने नए जीवन में सुधार के लिए, एक बदली हुई मानसिकता के साथ शुरुआत करने का एकमात्र विकल्प शेष है।

मैंने स्वप्न में जो देखा था उसका अर्थ अब समझ में आया जो मुझसे कुछ लिखने के लिए प्रेरित कर रहा था? अब, मैं समझ सकता था कि मैं क्या चूक गया जो इस उम्र में प्राप्त नहीं कर सकता, क्योंकि इसका समय समाप्त हो गया है, परन्तु मैं फिर भी इसके बारे में उन युवाओं के लिए कुछ लिख सकता हूं जिन्हें अपना समय और जीवन व्यर्थ नहीं करना चाहिए।

मैंने अपनी यह नई पुस्तक लिखनी शुरू कर दी है और एक नई परियोजना शुरू की है। युवा लोगों के जीवन के बारे में विचार किया कि वह क्या चाहते हैं हालांकि प्रत्येक युवा का विचार भिन्न होता है।

इस पुस्तक का विषय इस प्रकार है।

युवक और युवतियां कुछ ऐसे विचार कर सकते हैं जिसके द्वारा वे अपने जीवन के आरम्भ में समझ सकते हैं और देख सकते हैं कि आने वाले समय में उनका जीवन कैसा दिखेगा 1, 3, 5, 7, 10, 5, 20, 25, 30 वर्षों और जब रिटायर होंगे अपने व्यवसाय या कार्य के अंत में? क्या मैंने कभी इस बारे में सोचा है कि क्यों न किसी युवा व्यक्ति के करियर की शुरुआत में उसके आने वाले जीवन की भविष्यवाणी की जाए?

इसलिए, मैंने उनके लिए एक प्रश्नोत्तरी विकसित की है, और इस अभ्यास के माध्यम से, वे समझ सकते हैं कि आने वाले वर्षों में उनका वास्तविक जीवन कैसा दिखेगा। यदि उनकी आगामी जीवन यात्रा सफल हो जाती है, तब भी वे इसे इस अभ्यास के परिणाम से बेहतर बना सकते हैं। यदि गणना अच्छे या नकारात्मक नहीं है, तो वे वाहक के लिए समय और उम्र पर तुरंत जांच कर सकते हैं और तुरंत परिवर्तन कर सकते हैं।

प्रत्येक लेखक को विषय, कहानी, कथानक के बारे में सोचना होता है और उस श्रेणी का चयन करना होता है जिसे वह लिखना चाहता है और उसके बाद ही वह पुस्तक को पूरा कर प्रकाशित करता है। लगभग पाठकों को विभिन्न लेखकों द्वारा लिखी गई पुस्तकों की श्रेणी, सबसे सामान्य विषय, विषयवस्तु और श्रेणी मिल जाएगी। ये पुस्तकें मुख्य रूप से बीतने के समय और प्रेम, रोमांच, कुछ प्रतिबिंबित करने वाली वास्तविक कहानियों को प्रतिबिंबित करने वाले किसी व्यक्ति के किसी अन्य जीवन से बदले हुए चरित्रों आदि के लिए हैं। विभिन्न विषयों के तहत पुस्तकों की कई श्रेणियां हैं जो इतिहास और धर्मों और महाकाव्यों से संबंधित हैं। लेकिन पुस्तकों के केवल एक भाग में सामान्यता और दूसरे के प्रकार सेल्फ-हेल्प की पुस्तकें होती हैं, जिन्हें पढ़ने वाला एक छोटा समुदाय अपने जीवन में बदलाव लाना चाहता है।

एक लेखक के रूप में अपने विषयों को अलग तरह से चुनता हूं। मेरा उद्देश्य मनोरंजन नहीं है, बल्कि कुछ ऐसी पुस्तकें देना है जो अन्य ब्रिटिश या यूरोपीय या अमेरिकी लेखकों से काफी अलग हैं। मैं स्वयं की प्रशंसा नहीं कर रहा हूं, लेकिन मेरी पसंद उन लेखकों की नहीं है जो आपको बेस्टसेलर कैटेगरी नॉन-फिक्शन, फिक्शन, थ्रिलर में मिलेगी बल्कि अमेज़ॉन, गूगल प्ले या फ्लिपकार्ट के लिंक में किताबों की एक सामान्य श्रेणी में मिलेगी।

मैं कुछ अलग विषयों को पसंद करता हूं जो आपको अमेज़ॅन या अन्य जगहों पर अधिकांश पुस्तकों में नहीं मिलेंगी। मैं ऐसी पुस्तकें लिखता हूं या लिखना चाहूंगा जो मेरे पाठकों के जीवन में प्रभाव डालती हैं और यही वजह है कि कई पाठक मुझसे सीधे जुड़ते हैं। अगर आप मेरी कोई पुस्तक पढ़ेंगे तो आपको यह अंतर अवश्य प्रतीत होगा, और मुझे विश्वास है कि आपको यह पुस्तक अवश्य ही अच्छे लगेगी क्योंकि आप पुस्तक में अनेक जीवन के समाधान और पाठ सीखेंगे।

आप देखेंगे कि प्रत्येक युवा की पसंद, नापसंद, स्वभाव, भावनाएँ और मानसिकता पृथक-पृथक होती है, कुछ अच्छे होते हैं और कुछ बुरे। हमें पता होना चाहिए, भगवान ने हमें यह जन्म हमारे पिछले कर्मों के अनुसार विभिन्न गुणों और प्रकृति के साथ निर्धारित प्रकृति के साथ दिया है। ग्रीक में, यूरोपीय ज्योतिषियों ने प्रत्येक मानव के स्वभाव का वर्णन किया है और उन्हें बारह राशियों में विभाजित किया गया है जो विभिन्न गुणों, प्रकृति और अंतर्ज्ञान का प्रतिनिधित्व करते हैं।

राशियों में बारह जन्म चिन्ह हैं जो उनके गुणों और भविष्यवाणियों का वर्णन करते हैं, जैसे मेष, मिथुन, तुला, कन्या, मीन, कर्क, कुंभ, वृष, सिंह, मकर, धनु और वृश्चिक।

वैदिक-ज्योतिष में, ज्योतिष भविष्यवाणियां बारह राशियों द्वारा की जाती हैं जैसे मीन, तुला, मकर, धनु, कुंभ, कन्या, वृश्चिक, वृषभ, मिथुन, कर्क, मेशा और सिंह। इनमें से किसी भी श्रेणी में आने वाले किसी भी व्यक्ति का स्वभाव अलग होगा, और इसलिए वे उसी के अनुसार जीवन व्यतीत करेंगे। प्रत्येक युवा को यह पता लगाना चाहिए कि उनका आगामी जीवन 3, 5,10, 20, 30 और अब से 60 वर्षों के बाद कैसा होगा?

मैंने वर्णन किया है कि कैसे वे एक अभ्यास द्वारा आगामी जीवन का निर्धारण कर सकते हैं, चाहे वह सफल हो या नहीं। उन्हें अपने पिछले जीवन का विश्लेषण करना होगा जो कि प्रमुख महत्व का है, और फिर उन्हें अपने स्कोर और रेटिंग (इस पुस्तक में वर्णित) की गणना करनी चाहिए और फिर भविष्य के बेहतर परिणामों के लिए सुधार के लिए जाना चाहिए। बेहतर भविष्य के लिए समय बचाने के लिए यह गणना उपयोगी होगी।

युवा जीवन को मानक की गणना क्यों करें?

हर युवा को यह जानकर खुशी होगी कि आने वाला जीवन कैसा दिखेगा, अच्छा या बुरा? जहाँ तक आपके भाग्य की बात है तो आने वाले समय में आप कैसा कर रहे होंगे, हालांकि भाग्य या किस्मत होती नहीं है, आपको अपने प्रयासों और कड़ी मेहनत से निर्माण करना होगा। इसलिए, कम उम्र में युवा जीवन का स्कोर को जानकर, वे जीवन की

शुरुआत में ही सही कर सकते हैं, जिसे वे चुनना चाहते हैं। जो जन भाग्य में विश्वास करते हैं वे लोग अपने समय को खो देते हैं और उनका जीवन असफल होता है।

एक लेखक और एक संरक्षक के रूप में, मैंने अपना जीवन अच्छे प्रकार से व्यतीत किया है लेकिन मुझे लगा कि मैं अपने जीवन के उत्तरार्ध में अपनी आंतरिक कमजोरियों की कमी को ही समझ सकता हूं। अगर कम आयु में ही अपनी कमजोरियों की कमी देख लेता तो मैं सुधार सकता और इस आयु में यह वरदान होता। इसलिए मैं युवाओं को सलाह देता हूं आरम्भ में और कम आयु में ही यदि यह प्रयोग किया जाये तो अवश्य ही आने वाला भाग्य वह होगा जिस को आप स्वयं लिखते हैं। परन्तु मैंने बाद के वर्षों में इस कमी को पूरा किया और अब जीवन सुखद और प्रभु की कृपा से सभी कठिनाई का आसानी से पार होती है।

अध्याय 2
'स्वयं से प्रश्न' करने की शक्ति क्या है ?

जीवन अतीत और वर्तमान विचारों का मिश्रण है, और यह स्वचालित रूप से आपके मस्तिष्क में दर्ज हो जाता है, और यह जीवन में हर प्रासंगिक क्रिया को निभाता है। इन अभिलेखों के आधार पर मनुष्य अपने जीवन की यात्रा का निर्माण करता है। किसी व्यक्ति के जीवन में कुछ भी निश्चित नहीं होता है, जो आप योजना के अनुसार निर्धारित करते हैं और बनाते हैं, वह आपके पास वापस आता है। विचारों और कार्यों के अनुसार जीवन लगातार बदल रहा है। लेकिन वह सब जो ब्रह्मांड के भगवान, सर्वशक्तिमान ईश्वर, परम ब्रह्मा (सर्वोच्च ईश्वर) द्वारा आज्ञा दी जाती है।

जीवन की प्रश्न स्वयं से पूछना सभी के जीवन के लिए महत्वपूर्ण है। इसकी शक्ति का अर्थ 'जीवन की यात्रा के लिए प्रश्न' और 'जीवन की खोज' और जीवन की यात्रा के लिए अंतिम उद्देश्य है। आपका जीवन प्रश्नों का एक समूह है, और आप जीवन भर अपने या अपने आस-पास से जुड़े लोगों से इसके उत्तर खोजते हैं। आप अपने भीतर से भी सवालों का पता लगाते हैं।

इसे समझने के लिए अपने भीतर तरह-तरह के सवालों को तलाशना होगा। जीवन के लिए तीन मुख्य प्रासंगिक प्रश्न हैं; आप जीवन में क्या चाहते हो? आप कैसे चाहते हैं? आपको इसकी आवश्यकता कब होती है?

यात्रा जीवन की खोज है, जीवन के लिए प्रश्न है। जाने-अनजाने जीवन की यात्रा में हर किसी को इसका पता लगाना होता है, और इस प्रक्रिया के दौरान आपका जीवन समाप्त हो जाता है, कभी-कभी आप प्रसन्न और संतुष्ट होते हैं लेकिन कभी-कभी नहीं। कुछ सफल होते हैं, लेकिन कुछ इस यात्रा में असफल हो जाते हैं, कुछ इसे आधा ही छोड़ देते हैं। आपको ''प्रश्नों'' की शक्ति में विश्वास करना होगा जो 'जीवन का प्रश्न' है। जब आप अपने भीतर के प्रश्नों का पता लगाते हैं, जो आपके जीवन के लिए प्रासंगिक हैं, तो आपको पूर्व निर्धारित लक्ष्यों/इच्छाओं या सपनों के अनुसार अपनी मानसिकता से उत्तरों और समाधानों की खोज में आगे बढ़ना होगा।

जीवन की यात्रा में जो कुछ भी होता है उसके लिए अवचेतन मन निर्माता है। जब आप अपने चेतन-मन को प्रश्न भेजते हैं, और उनके समाधान आपके द्वारा प्राप्त होने वाले उत्तरों के रूप में आपके भीतर सामने आते हैं। जब आप अपने आप से प्रश्न पूछते हैं, तो आपको

उनके उत्तर भी शीघ्र ही नियत समय में मिल जाते हैं, और इस प्रकार यह जीवन आपके द्वारा निर्धारित दिशा में चल रहा है। यदि आप स्वयं से नहीं पूछ रहे हैं या प्रश्न नहीं कर रहे हैं, तो आप उनके उत्तर और समाधान नहीं खोज सकते हैं और यह समझना बहुत आसान है। प्रश्न और उनके उत्तर दोनों ही आपके अवचेतन मन से भीतर आ रहे हैं।

जीवन में 'प्रश्नों' की शक्ति

प्रश्नों की शक्ति; व्यापक अर्थों में, जीवन में प्रश्न का महत्व सदैव रहता है, जो जीवन की विभिन्न समस्याओं और घटनाओं को दर्शाता है जब तक मनुष्य जीवित रहता है। जीवन का अर्थ अत्यंत गहन है जो जीवन के प्रश्नों और मस्तिष्क की आंतरिक खोज से सम्बंधित है।

क्या आपने कभी अपने आस-पास के संसार, जीवों, पशु-जीवन, पेड़-पौधे, वन जीवन, समुद्री-जीवन और अंतरिक्ष के बारे में सोचा और खोजा है? हम सबसे ऊपर पूरे ब्रह्मांड को नहीं जानते हैं जिसमें अनगिनत सौर-मंडल, तारे और नक्षत्र शामिल हैं। हम अभी भी उस कारखाने के बारे में नहीं जानते हैं जो इस शरीर और मस्तिष्क को चलाता है। हमारा मस्तिष्क कैसे काम करता है? बुद्धि क्या है और इससे परे क्या है? हम क्यों पैदा हुए हैं? जिंदगी का उद्देश्य क्या है? जीवन के विषय में मनुष्य और पशु में क्या अंतर है? मनुष्य का हमारे ग्रह माता-पृथ्वी से क्या संबंध है? क्यों ग्रह-पृथ्वी हमारी भलाई के लिए बहुत महत्वपूर्ण है? पृथ्वी पर जीवन के साथ सूर्य का विशेष रूप से मनुष्य के लिए क्या महत्व है? मनुष्य के लिए अच्छे स्वास्थ्य के लिए पौधे और पेड़ बहुत महत्वपूर्ण क्यों हैं? ऐसे कई सवालों के जवाब आपको समझ में आ जाएंगे कि आप क्यों पैदा हुए हैं, और जीवन का उद्देश्य क्या है? यह कोई शोध कार्य नहीं है बल्कि जीवन की वास्तविकताओं को समझें जिसके लिए हम पैदा हुए हैं।

जीवन के प्रश्नों से संबंधित कई विषय विभिन्न विषयों से हैं, जिनमें से कुछ का उल्लेख नीचे किया गया है:

1- सुबह की प्रार्थना, व्यायाम, योग, प्राणायाम, ध्यान, टहलना, तेज चलना, जिमनास्टिक इत्यादि और साथ ही किसी बगीचे या पार्क में बैठना।

2- दिन के भोजन के बारे में सोचना।

3- ऐसे असीमित विषय हैं जो समय-समय पर मन में उठते रहते हैं जैसे निजी जीवन के बारे में, परिवार, घर, जीवन की व्यक्तिगत समस्याएं, विवाह के मुद्दे और अनेकों। इसके अलावा, समारोह, जन्मदिन, वर्षगाँठ से लेकर विवाह समारोहों और आदि को भी मनाया जाता है।

4- स्मार्ट टीवी या मोबाइल पर उपकरण, फेसबुक, व्हाट्सएप, इंस्टाग्राम, लिंक्डइन, गूगल, ईमेल चैट, व्यक्तिगत समूह वीडियो सम्मेलनों का उपयोग और अन्य ऐप, समाचार पत्र, पत्रिकाएं, ऑनलाइन लिंक।

5- मंदिरों, चर्च, गुरुद्वारा, मस्जिद और बौद्ध मठ का दौरा करना।

6- शाम को परिवार, दोस्तों के साथ, घूमना, पार्क या बगीचे में होना।

7- शाम के जीवन और नाइटलाइफ क्लब, रेस्तरां, इनडोर खेलों आदि में समय का सदुपयोग करना।

8- परिवार के साथ, टीवी के साथ, किताबें/पत्रिकाएं पढ़ने, दोस्तों को बुलाने और रात के खाने में समय का सदुपयोग करना।

9- कई बिंदु चिंता, पीड़ा, बीमारी, परेशानी, स्वास्थ्य संबंधी मुद्दों और व्यक्तिगत समस्याओं के हैं।

10- प्रकृति और पशु पक्षी के देखते हुए उसका आनंद लेना चाहिए, न कि उनको मारना और काटना चाहिए।

दिए गए सभी बिंदु पूर्ण नहीं हैं, लेकिन कई और विभिन्न लोगों के विचार, पसंद अलग-अलग प्रकार की होगी, लेकिन यह उस जीवन का एक विचार देता है जिसका आप अपने जीवन की शुरुआत में कम उम्र में सामना करने जा रहे हैं। हमने इसका सामना किया है, और अब आप अपनी जीवन यात्रा के समय इन्हें अनुभव भी कर सकते हैं।

सीमित विकल्प और विषयों के साथ-साथ जीवन के एक अनिवार्य हिस्से के साथ जाने में अपना समय बचाने के लिए क्या कोई बेहतर उपाय है?

मेरा जवाब है हाँ ! आपके पास 'स्वयं के प्रश्न' की शक्ति है जिसे आपको अपने भीतर तलाशना है। आपको सही प्रकार का जीवन चुनना होगा जिसे आप जीना चाहते हैं और बाकी को छोड़ दें या ऐसे विषयों को अनदेखा करें जिसका आपके जीवन में कोई उपयोग के नहीं हैं।

क्यों 'प्रश्न' जीवन में महत्वपूर्ण हैं?

आप अपने जीवन में 'प्रश्न' की शक्ति का उपयोग कैसे करेंगे, यह एक गंभीर प्रश्न है, लेकिन मैं आपको सबसे पहले विधि बताऊंगा, आपको विश्वास करना होगा कि मैं यहाँ इस पुस्तक में क्या लिख रहा हूं, जो आपको करना है अपने जीवन के अच्छे दिनों के हित में सख्ती से पालन करना है, और यह कोई मजाक नहीं है।

आपको यह समझना होगा कि 'प्रश्न' या 'खोज' यह शब्द, एक माध्यम है जिसे मस्तिष्क के द्वारा आगामी जीवन को जीने हेतु, इसका उत्तर मस्तिष्क में ही समाया हुआ है। आप अपने भीतर इसके उत्तरों

के लिए लगातार होनेवाला धर्मयुद्ध कह सकते हैं किसे सकारात्मक और नकारात्मक दृष्टिकोण से चलते हैं। यह आपको समाधान के लिए भीतर की ओर ले जाएगा, और एक अलग पद्धति के साथ सृजन करेगा जो इस पुस्तक के अन्य अध्यायों में है।

कम उम्र में गणना का उद्देश्य क्या है?

यह जानना युवाओं के हित में है कि आपका आगामी जीवन कैसा दिखेगा, अच्छा या बुरा? जहां तक आपके भाग्य का प्रश्न है, तो समझना भी आवश्यक हैं कि जीवन में भाग्य जैसी कोई प्रक्रिया स्वतः नहीं होती हैं। आने वाले समय में आप कैसे होंगे, आपको अपने प्रयासों और मेहनत से निर्माण करना होगा। इसलिए, कम उम्र में युवा जीवन के स्कोर को जानकर, वे जीवन की शुरुआत में ही सही कर सकते हैं, जैसा जीवन आप चुनना चाहते हैं।

एक मेंटर के रूप में मैंने अपना जीवन अच्छा व्यतीत किया है परन्तु जीवन के बाद के वर्षों में मैंने यह अनुभव किया, यदि मैंने अपनी कमियां और त्रुटियां पहले सुधार ली होतीं, तो यह मेरे जीवन के लिए एक सुन्दर उपलब्धि होती। इसलिए मैं युवा वर्ग को यह राय अवश्य ही दूंगा कि वे अपनी सोचने की शक्ति को सही दिशा में ले जाते हुए जीवन में सुधार और परिवर्तन करें।

मैं आपको सही दिशा में जीवन को परिवर्तित करने के लिए इसलिए प्रेरित कर कर रहा हूँ जिससे आपका जीवन एक अच्छे मनुष्य की भाँति हो। इस समय संसार कलयुग के बुरे दशकों में प्रवेश कर चुका है जो प्रकृति के नियम, कारण और प्रभाव के सिद्धांत से उत्पन्न हुए हैं। इस सिद्धांत के द्वारा, मनुष्य के जीवन में घटनाएं होती रहती हैं और जीवन चलता रहता है। आपने यह वाक्यांश तो सुना होगा, 'जैसा बोओगे वैसा ही काटोगे'।

हममें से प्रत्येक व्यक्ति को अपने भीतर की नकारात्मकता का पता लगाना चाहिए और उसीमें सुधार करना चाहिए, इससे पहले कि वे हमारे आने वाले जीवन में नकारात्मक घटनाओं को घटित करें। इस स्थिति से बचने के लिए हमें अपना आत्म-विश्लेषण करना चाहिए। हम कम से कम अपनी इस प्रकार की स्थिति स्वयं बदल सकते हैं यदि हम ऐसा करते हैं। हम अपने जीवन में जो आवश्यक है, वह सुधार कर सकते हैं और नकारात्मकता के प्रभाव से बच सकते हैं।

व्यापक रूप से मानव अन्वेषण के सभी पहलुओं में विभिन्न क्षेत्रों में 'प्रश्नों' का महत्व बहुत अभूतपूर्व और असीमित है। यदि आप सोचें तो घटनाओं, समस्याओं और जीवन चक्र के विभिन्न क्षेत्रों में आपके जीवित रहने तक विभिन्न उद्देश्यों की खोज में उपयोग किया जाता है। जीवन की

खोज और जीवन के प्रश्नों और उसके वास्तविक अर्थ के संबंध में जीवन का अर्थ बहुत बड़ा है।

क्या आपने कभी अपने आस-पास के संसार, जीवों, पशु-जीवन, पौधे-जीवन, समुद्री-जीवन और अंतरिक्ष के बारे में सोचा और खोजा है? हम सबसे ऊपर पूरे ब्रह्मांड को नहीं जानते हैं जिसमें अनगिनत सौर-मंडल, तारे और नक्षत्र शामिल हैं। हम अभी भी उस कारखाने के बारे में नहीं जानते हैं जो इस शरीर और मस्तिष्क को चलाता है। हमारा मस्तिष्क कैसे काम करता है? बुद्धि क्या है और इससे परे क्या है? हम क्यों पैदा हुए हैं? जिंदगी का उद्देश्य क्या है? जीवन के विषय में मनुष्य और पशु में क्या अंतर है? मनुष्य का हमारे ग्रह माता-पृथ्वी से क्या संबंध है? क्यों ग्रह-पृथ्वी हमारी भलाई के लिए बहुत महत्वपूर्ण है? पृथ्वी पर जीवन के साथ सूर्य का विशेष रूप से मनुष्य के लिए क्या महत्व है? मनुष्य के लिए अच्छे स्वास्थ्य के लिए पौधे और पेड़ बहुत महत्वपूर्ण क्यों हैं? ऐसे कई सवालों के जवाब आपको समझ में आ जाएंगे कि आप क्यों पैदा हुए हैं, और जीवन का उद्देश्य क्या है? यह कोई शोध कार्य नहीं है बल्कि जीवन की वास्तविकताओं को समझें जिसके लिए हम पैदा हुए हैं।

क्या आपके पास जीवन को तराशने का विकल्प हैं?

हमारे लिए सर्वशक्तिमान ईश्वर द्वारा दिए गए सभी विकल्प उपलब्ध हैं जो हमारी इच्छा और विचारों के अनुसार जीवन में घटित होते हैं और जीवन चलता रहता है। हम जो भी बोलते हैं या सुनकर मस्तिष्क में ग्रहण करते हैं, या दूसरों के साथ व्यवहार करते हैं वही प्रश्न या क्रिया/कर्म प्रकृति या ब्रह्मांड के नियमों के अधीन वापस हमको मिलते हैं। ईश्वर अपने नियमों के अनुसार सभी को आज्ञा देता है और जैसा हम उससे पूछते हैं, वैसा ही वापस देता है।

मस्तिष्क शून्य में या विचारहीन दशा और मौन स्थिति में जितना शांत होता है वस्तुतः भौतिकवादी दुनिया में गतिशील और सक्रिय होता है। कहने का तात्पर्य यह है कि जब मन में अधिक निष्क्रियता या मौन होता है, जो भौतिकवादी दुनिया के बाहरी मंच पर अधिक क्रियाओं को उत्पन्न करता है।

आप अपने भाग्य के निर्माता हैं अपने विचारों, शब्दों और कार्यों से जो पांच इंद्रियों के प्रभाव समय समय पर घटित होता रहता हैं। पांच इंद्रियां हैं दृष्टि (नेत्र-दृष्टि), श्रवण (कान-सुनना), गंध (नाक-गंध), स्पर्श (त्वचा-अनुभव), स्वाद (मुंह-जीभ)।

शरीर के प्रमुख कार्य करने वाले अंग और उसकी इंद्रियों की वैदिक अवधारणाः

संस्कृत में वैदिक लिपियों के अनुसार, इंद्रियों में इंद्रा या इंद्र के प्रारूप, स्वर्ग के भगवान के रूप में जाना जाता है। हिंदू धर्म या सनातन धर्मों में, यह शरीर के सूक्ष्म जगत में देवत्व का प्रतिनिधित्व करता है और पंद्रह इंद्रियों को पहचानता है, अर्थात् पांच कर्मेन्द्रियां (कर्मेंद्रियां), पांच ज्ञानेन्द्रियां (ज्ञानेंद्रियां) और पांच सूक्ष्म इंद्रियां (तन्मंत्र)। मन को शासक, 'इंद्र' कहा जाता है।

कर्मेंद्रियां गुदा (पयू), यौन अंग (उपस्ता), पैर (पाद), हाथ (पानी), और भाषण (वाक) हैं। ये शरीर की क्रियाओं और गतिविधियों के लिए हैं।

शरीर इंद्रियांः

ज्ञानेंद्रियां आंखें (चक्सू), कान (स्त्रोत्र) और नाक (घराना), जीभ (रसाना) और त्वचा (त्वचा) हैं। ये मानव शरीर के दस संवेदी अंग हैं, और फिर मन आता है; और भगवत गीता के अनुसार, 'मनहसस्थनी इंडियानी', इंद्रियों के नियंत्रक जिसका शासक इंद्र है, स्वर्ग का शासक है, जबकि देवता पांच इंद्रियों से जुड़े हुए हैं।

कुछ सूक्ष्म इंद्रियां (तन्मंत्र) हैं जो संवेदना या छाप हैं जिनके द्वारा हम वस्तुगत सांसारिक सृजन का अनुभव करते हैं और उसका उपयोग करते हैं। वे रूप, ध्वनि, गंध, स्वाद और स्पर्श हैं।

रसंवेदनाः

कर्मेंद्रियां गुदा (पयू), यौन अंग (उपस्ता), पैर (पाद), हाथ (पानी), और भाषण (वाक) हैं। ये शरीर की क्रियाओं और गतिविधियों के लिए हैं।

ज्ञानेंद्रियां आंखें (चक्सू), कान (स्त्रोत्र) और नाक (घराना), जीभ (रसाना) और त्वचा (त्वचा) हैं। ये मानव शरीर के दस संवेदी अंग हैं, और फिर मन आता है, और भगवत गीता के अनुसार, 'मनहसस्थनी इंडियानी' (15.7), इंद्रियों के नियंत्रक जिसका शासक इंद्र है, स्वर्ग का शासक है, जबकि देवता पांच इंद्रियों से जुड़े हुए हैं।

कुछ सूक्ष्म इंद्रियां (तन्मंत्र) हैं जो संवेदना या छाप हैं जिनके द्वारा हम वस्तुगत सांसारिक सृजन का अनुभव करते हैं और उसका उपयोग करते हैं। वे रूप (रूप), ध्वनि (सबदा), गंध (गंध), स्वाद (रस) और स्पर्श (स्पर्श) हैं।

श्वास और इंद्रियों के बीच संबंध

कुछ पहले के उपनिषदों ने इंद्रियों को श्वास या श्वास (प्राण) के पहलुओं के रूप में भी वर्णित किया है। वे श्वास के विभिन्न रूप हैं और पांच हैं, अर्थात् प्राण, व्यान, समान, उदान और अपान,

जिनका नाम दिशा के अनुसार रखा गया है और वे शरीर में कहाँ और किसके प्रवाह में हैं। हालाँकि, इंद्रियों को उनके साथ समान किया जाता है, क्योंकि चौड़ाई को शरीर के सभी अंगों के भगवान के रूप में माना जा सकता है, और इसका मार्ग अंदर जाने का प्रवेश द्वार है।

उपनिषदों में भी इसके बारे में दो रूपक हैं। श्वास इन्द्रियों का स्वामी है क्योंकि वह इच्छा के प्रति अभेद्य है। अंग बुरी इच्छाओं की चपेट में है, जबकि सांस अनैच्छिक है और उनके अधीन नहीं है। अतः श्वास अग्नि के समान पतित-पावन है, जिस प्रकार स्वर्ग में अग्नि शरीर को अर्पित भोजन ग्रहण करती है और अंगों में उनके उचित हिस्से के अनुसार बांट देती है। शरीर जीवित है, और अंग तब तक सक्रिय हैं, जब तक उनमें श्वास का संचार होता है। इसलिए वह भी उनका सहारा है। जब किसी व्यक्ति की मृत्यु होती है, तो आत्मा अंगों में मौजूद देवताओं के साथ शरीर छोड़ देती है और मध्य क्षेत्र की यात्रा करती है, जहाँ से वे अपने-अपने क्षेत्रों में लौट आते हैं।

निरंतर अभ्यास के साथ अभ्यास करने से आपके स्वभाव, मानसिकता, इच्छाधारी सोच और शिथिलता की आदत में सुधार हो सकता है।

अध्याय 3
अपने आप को जानें और जीवन का विश्लेषण करें।

अपने आप का विश्लेषण क्यों करें?

जब आप अपने पिछले जीवन के विश्लेषण के लिए जाते हैं, तो आपको पता होना चाहिए कि जीवन की यात्रा कैसे शुरू होती है। हम जीवन को एक खाली नोटबुक के रूप में वर्णित कर सकते हैं, जिस पर पिछले जन्म चक्र के आपके कर्मों के बारे में सर्वशक्तिमान द्वारा लिखे गए कुछ पृष्ठ हैं, और इस नोटबुक का पहला पृष्ठ और अंतिम पृष्ठ जो कि जन्म और मृत्यु हैं, सर्वशक्तिमान द्वारा लिखे गए हैं। बीच के पन्ने आपको ही भरने हैं जिन्हें आप अपना जीवन बता सकते हैं। आपके जीवन के पन्ने भरने के लिए कोई नहीं आएगा, और यह आपको उन्हें अपनी इच्छा या सपने के अनुसार भरना है चाहें वह आध्यात्मिक स्तर पर हो या जीवन की इच्छाओं की पूर्ति हो। इसलिए, आप इस पर कितना अच्छा लिख सकते हैं, आपको इसका पता लगाना होगा और साथ ही सुधार के लिए इस जीवन का विश्लेषण करना होगा और सुधार करना होगा।

जो लोग बिना किसी लक्ष्य, उद्देश्यों से अपना जीवन जीते हैं वह व्यर्थ में अपना जीवन व्यतीत करते हैं, वे आगामी जीवन की अनिश्चितताओं में जीते हैं जो असफल या बुरा हो सकता है। इसलिए, युवा लड़कों और लड़कियों के लिए यह अत्यंत महत्वपूर्ण है कि वे अपने भीतर आत्मनिरीक्षण करें, और जब वे सपने और लक्ष्य बनाने की प्रक्रिया में प्रवेश करते हैं। यदि आप अपने मन का उपयोग खोज के लिए नहीं करते हैं तो भी प्रश्न आते जाते रहते हैं, मेरे दोस्त, आपको उनका उचित उत्तर और समाधान नहीं मिलेगा। आपको अपने सपनों की दिशा में अपने अन्तकरण में झाँकना होगा और आंतरिक-क्षमताओं का पता लगाना होगा। जीवन में आप जो चाहते हैं उसके लिए आपको समय-समय पर यह करते रहना चाहिए। आपको अपने जीवन को सही मार्ग से सही दिशा देनी है ताकि आप समयबद्ध तरीके से चुने हुए मार्ग से विचलित न हों। इस जीवन-निर्माण की प्रक्रिया को करते समय आपको बहुत सी बातों का पालन करना होता है। आपको यह समझना चाहिए कि जमीन पर प्रदर्शन करने के इरादे, विचार, सही कार्य और साहस के बिना कुछ भी नहीं आता है।

अपने जीवन का विश्लेषण करें

जब आप अपने पिछले जीवन का विश्लेषण करते हैं, तो आप पाएंगे कि आपने कई गलतियाँ, पाप और चूक की होंगी, और यह आगामी जीवन चक्र के लिए महत्वपूर्ण है। आप पिछली गलतियों से बहुत

सुधार कर सकते हैं, और जीवन की नई ऊंचाइयों की ओर बढ़ सकते हैं। इसके लिए अच्छे कार्य, सरल जीवन, शाकाहारी आहार, स्त्रियों का आदर, आध्यात्म से जुड़े हुए, प्रत्येक वस्तु, जीव-जंतु, पृथ्वी, जल, वायु, वनस्पति और सूर्य एवं सभी ग्रहों को नमस्कार और आदर करे। जो व्यक्ति इन सभी का जीवन में उपयोग करता है और दूसरों के लिए कार्य करता है वह मनुष्य अवश्य ही जीवन में सफल और सही मायने में जीवन यात्रा करता है।

जैसा कि आप जीवन का विश्लेषण करते हैं जोकि अतीत और वर्तमान के अनुभव, गलतियों के सुधार और भविष्य के लिए दृष्टि का मिश्रण है, आप जीवन में सही मार्ग पर आगे चलते हैं। जीवन की सभी इच्छाओं/सपनों को पूरा करने के बारे में है, इस प्रकार के उद्देश्यों को प्राप्त करना या अपने जीवन के वास्तविक उद्देश्य की खोज करना ही जीवन की राह सरल बना देता है। इस प्रक्रिया के दौरान सपनों की अभिव्यक्ति, हमारे भीतर की अनंत बुद्धि से आती है जिसे आप ईश्वरी शक्ति कह सकते हैं, प्रकृति की अदृश्य शक्ति या ब्रह्मांड जो हमारे जीवन में सारी सृष्टि लाती है। सर्वप्रथम, स्वयं से प्रेम करो ! आप जैसे भी हैं स्वयं से प्रेम करें, उसी प्रकार आप दूसरों को भी प्रेम करें जो जैसे हो। प्रत्येक व्यक्ति को शरीर से नहीं आत्मा रूप में प्रेम करें क्योंकि जब आत्मा समझ कर दूसरे को प्रेम करते हैं तो जीवन में प्रेम बरसने लगता है और यह एक शक्तिशाली महान व्यक्तित्व को उजागर करता है। जीवन की घटनाएं भी उसी दिशा में चलने लगती हैं और उस व्यक्ति का जीवन अति सुन्दर होना प्रारम्भ हों जाता है। इस प्रकार आपका जीवन उदय होता है और उद्देश्यपूर्ण ढंग से आपके वास्तविक भाग्य को आकार देता है। इसके लिए आत्म विश्लेषण अति आवश्यक है।

महाभारत के महान महाकाव्य को लिखने वाले वेद व्यास सबसे प्रसिद्ध और प्रबुद्ध संतों में से एक हैं। उनके पास दिव्य दृष्टि की शक्ति थी (यह जानने की क्षमता कि सुदूर क्षेत्र में क्या हो रहा है और इसे देख सकते थे जैसे कि कोई व्यक्तिगत रूप से मौजूद हो)। इसलिए, वह सब कुछ प्रभु (ब्रह्मा उनके लिए आए) की कृपा से जानते थे ताकि तथ्यों को इकट्ठा किया जा सके और आने वाली पीढ़ियों के लिए एक पुस्तक के रूप में लिखा जा सके।

हमारा वर्तमान जीवन चक्र हमारे पिछले जन्म के अधूरे कार्य की एक प्रक्रिया है, लेकिन परमेश्वर चाहता है कि मानव जाति उसके प्राकृतिक नियमों के नियमों का पालन करते हुए जीवन व्यतीत करें। उसने हम सभी के लिए ब्रह्मांड की रचना की थी। ईश्वर चाहता है कि हम दूसरों के लिए जिएं, दूसरों की सेवा करें और बिना स्वार्थ के जिएं। वह चाहता है कि जो हमारे पास है उसे हम दूसरों के साथ बॉंटें। जीवन का सत्य, आंतरिक सुख है जोकि अस्थायी है और यह कभी सांसारिक, भौतिकवादी

नहीं हो सकता।

परन्तु आपका जीवन आपके लक्ष्य, इच्छा, सपना और एक उद्देश्य के कारण और यह व्यक्तिगत कल्पना, सोच, बोल और क्रिया के रूप में गंतव्य तक पहुंचा सकता है।

जीवन एक सीखने की प्रक्रिया है जहाँ आप अपने जीवन के हर चरण में सीखते हैं चाहे वह बुरा हो या अच्छा, और अपनी गलतियों को सुधारने के बाद, आप अधिक सावधान हो जाते हैं और एक खुशहाल, शांतिपूर्ण और स्वस्थ जीवन बनाने के लिए अंतर्दृष्टि प्राप्त करते हैं। यह केवल आप पर निर्भर करेगा कि आप अपने जीवन को 1, 3, 5, 10, 30 साल तक किस तरह से देखना चाहते हैं।

जीवन में आप जो चाहते हैं उसे बनाना बहुत सरल है क्योंकि ईश्वर आपके सभी सपनों को पूरा करने के लिए सदैव तत्पर हैं यदि आप उसके (ईश्वर) के आदेश के अनुसार कार्य करते हैं। ईश्वर चाहता है कि आप प्रकृति के निर्धारित नियमों का पालन करें। वह चाहता है कि आप निस्वार्थ प्यार और दूसरों की सेवा में जीवन व्यतीत करें और स्वयं के लिए जितना आवश्यक हो वही करें।

संसार में कुछ भी स्थिर नहीं है और यह एक प्राकृतिक घटना है जिसमें समय समय पर निरंतर बदलाव होते रहते हैं। जिसका जन्म हुआ है उसको मृत्यु का अवश्य आएगी और इस शरीर को छोड़ देगा। आत्मा शरीर में विद्यमान हैं जबतक मनुष्य जीवित रहता है परन्तु उसके जाते ही जीवन का अंत होता है। पौधे स्वतः ही बढ़ते हैं और पत्ते और फूल खिलते हैं और विभिन्न मौसम में फल आते हैं और अंत में मुरझा जाते हैं और यह प्रक्रिया चक्रों में चलती रहती है। पूरे विश्व में कुछ भी स्थिर नहीं है, और यहां तक कि अंतरिक्ष में ब्रह्मांड में भी लगातार और कालातीत रूप से विस्तार हो रहा है।

प्रेम वह उपकरण है जो जोड़ता है, और यह मनुष्य के लिए एक बेहतर जीवन बनाता है, लेकिन घृणा जीवन की एक नकारात्मक अभिव्यक्ति है।

गरीबों और जरूरतमंदों के लिए दान आपके जीवन में एक महत्वपूर्ण भूमिका निभाता है जो आपके भाग्य को कई गुना बढ़ा देता है।

जब आप अपने मन मस्तिष्क के माध्यम से किसी व्यक्ति विशेष के प्रति कुछ विचार, शब्दों का प्रयोग करते हैं या अपने कार्यों के माध्यम से एक विशेष संकेत भेजते हैं, तो आपके पास उसी प्रकार की प्रतिक्रिया होती है जैसी आप इसे भेजते हैं। यदि आप प्रेम या ईर्ष्या, अच्छा या बुरा, पैसा या सेवा भाव द्वारा और अच्छे कर्म करते हैं तो, आप वैसा ही जीवन में प्राप्त कर सकते हैं। एक शांतिपूर्ण और समृद्ध जीवन का

निर्माण करने हेतु आपको कुछ अच्छे कार्यों के साथ जाना चाहिए, जो सर्वशक्तिमान के नियमों का पालन करते हुऐ आपका जीवन उनकी आज्ञा के अनुसार बन जाएगा।

यदि आप उसके (ईश्वर) आदेश के अनुसार कार्य करते हैं तो ईश्वर आपके सभी सपनों को पूरा करने के लिए सदैव तैयार रहता है। ईश्वर चाहता है कि आप प्रकृति के निर्धारित नियमों का पालन करें। आपको अपने नकारात्मक कार्यों और अपने अतीत की पिछली गलतियों से सीखना चाहिए, सभी को सुधारें और आगे बढ़ें।

आप जो भी संकेत या कार्य दूसरों को भेजते हैं, वह आपके पास वैसे ही वापस आता है जैसे आप इसे भेजते हैं, चाहे वह प्रेम, घृणा, धन या अच्छे कार्य हों। इससे यह सिद्ध होता हैं कि 'दूसरों को देना ही जीवन में प्राप्त करना होता है'। एक अच्छा जीवन बनाने के लिए आपको प्रकृति या ईश्वर के मापदंड के अनुसार चलना होगा।

अध्याय 4
युवा जीवन में भविष्य की सफलता का मानक लिखें।

युवा जीवन के अंक क्या हैं?

किसी भी युवा के लिए अपने जीवन के बारे में निर्णय लेना महत्वपूर्ण होता है। यह उसका जीवन है जो स्वयं उसे चुनना और व्यतीत करना है। वह इसे कैसे तराशना चाहता है, इसके कई उत्तर हैं जो अलग-अलग लोगों से भिन्न होंगे।

यदि कोई युवक अथवा युवती अपने जीवन के आरम्भ में विश्लेषण करने का निर्णय करता है, तो उसके जीवन के मध्य और बाद के हिस्से में अच्छे परिणाम होंगे।

यह अध्याय आपको दिए गए प्रारूप में स्वयं के गहन विश्लेषण पर ले जाता है, और आपको अपनी मानसिकता, व्यक्तिगत सोच, विचारों, पूर्व-निर्धारित धारणाओं और विभिन्न अन्य बिंदुओं से संबंधित प्रश्नों को भरना होगा।

आपको अपने विश्लेषण की गणना के लिए एक प्रश्नावली के सभी प्रश्नों के उत्तर एक निर्दिष्ट प्रारूप में भरने होंगे। इस प्रारूप की प्रश्नावली को 'युवा-जीवन अंक' कहा जाता है।

आप उत्तर के परिणाम को 'युवा जीवन के स्कोर' या 'युवा जीवन के अंक' के रूप में जान सकते हैं जिसका उत्तर छठे अध्याय की प्रश्नावली में देख सकते हैं और अपनी युवा जीवन के अंक को देख अपना आगामी भविष्य के विषय में विश्लेषण कर सकते हैं।

अपने भविष्य के जीवन का स्वतः मूल्यांकन।

युवा जीवन के प्रारंभिक वर्षों में यदि आपको आने वाले भविष्य के जीवन चक्र के बारे में अभी से स्पष्ट संकेत ज्ञात हो जाये, तो हर व्यक्ति के लिए इसे जानना हमेशा अच्छा होता है और वह सचेत हो जाता है। इसलिए ऐसी वर्तमान परिस्थिति में यदि वह व्यक्ति आगे बढ़ता है जिसमे नकारात्मक और बुरी धारणाऐं हो तो जीवन सफल नहीं हो सकता है। लेकिन अपने वर्तमान आकलन से वह व्यक्ति अपने कमजोर बिंदुओं पर सुधार कर सकते हैं। स्वतः मूल्यांकन प्रारूप को आपकी जीवन शैली, आदतों, व्यवहार, विचारों, पूर्व-निर्धारित धारणाओं और अन्य महत्वपूर्ण सूचनाओं पर भरना होगा। केवल पाठकों को भरी जाने वाली प्रश्नावली के साथ बनाये गए प्रारूप में गुप्त रूप से मूल्यांकन करना और लिखना है और स्टार रेटिंग और जीवन की सफलता के स्कोर को समझना होगा।

मैं इस पुस्तक के पाठकों को यह स्पष्ट कर देना चाहता हूं कि जीवन के प्रारंभिक चरणों में जीवन की रेटिंग की गणना और मूल्यांकन में जाने से पहले एक ज्योतिषी/हस्तरेखा विशेषज्ञ के रूप में यह आपके लिए मेरी भविष्यवाणी नहीं है। यह आपके बारे में और अधिक समझने के लिए है कि आपका जीवन सफल होगा या असफल। यह आपके व्यक्तित्व का सामान्य पठन है और आपकी प्राकृतिक आदतों, प्रकृति, आपके द्वारा किए गए प्रयासों और जीवन की यात्रा की अभिव्यक्ति की दिशा में विभिन्न बिंदुओं पर आधारित है।

यदि आपकी रेटिंग अच्छी नहीं हैं और आपको लगता है कि जीवन सबसे अच्छे के लिए नहीं जा सकता है, तो मैं पाठकों को आश्वस्त कर सकता हूं कि ऐसे विकल्प और तरीके हैं, जिनके द्वारा आप जीवन की अवधि के दौरान जीवन को सबसे खराब से सर्वश्रेष्ठ तक खींच सकते हैं। मेरा निरंतर प्रयास इस पुस्तक के माध्यम से पाठकों को यह बताने का होगा कि आप जीवन व्यतीत करने के दौरान कार्यों को करने में कहाँ गलत और कमजोर हैं। साथ ही, मैं अपने पाठकों को शैली, योजना, सोच, कार्य, व्यवहार, दृष्टिकोण बदलने में मदद और मार्गदर्शन करना चाहता हूं। इन सबसे ऊपर, सकारात्मक, सफल जीवन के साथ बेहतर अभिव्यक्ति के लिए देने और साझा करने, देखभाल करने, सेवा करने की शक्ति भी आवश्यक हैं।

मैं आपको एक पैमाने के मापदंडों के बारे में बताऊंगा, जिसके द्वारा आप अपने जीवन के स्कोर और रेटिंग का न्याय कर सकते हैं, एक बार जब आप एक प्रारूप में पाठकों से पूछे गए सभी प्रश्नों का उत्तर दे देते हैं। अब आपके पास जीवन की सफलता की रेटिंग की तालिका है, आप आज की सोच, व्यवहार, आदतों, मानसिकता और पूर्व-निर्धारित धारणाओं के आधार पर जीवन की सफलता में अपना वास्तविक मूल्य जान सकते हैं।

आप उस प्रारूप में दिए गए कठोर परिवर्तनों को लागू करके समय के साथ अपनी रेटिंग में सुधार कर सकते हैं, जहाँ आपने खराब स्कोर किया है, जैसा कि किसी भी छात्र ने उस विशेष विषय में अधिक प्रयास करके किया है। यहाँ विषय आपके मन, विचार, कार्य, स्वभाव, व्यवहार, कार्यशैली आदि का प्रारूप में दिया गया है और साथ ही इस पुस्तक में विस्तार से बताया गया है।

यदि आपके पास एक उत्कृष्ट रेटिंग है, तो आपको चिंता करने की आवश्यकता नहीं है, लेकिन इसे अधिक वर्षों तक बनाए रखने के लिए और अधिक प्रयास जारी रखें।

यदि आपने सही उत्तर दिया है, तो आप एक तालिका देख सकते हैं जहाँ आप जीवन में सफलता की रेटिंग पढ़ सकते हैं, जैसे बुरा, अच्छा, बहुत अच्छा।

जीवन एक खेल का मैदान है जहां आप दूसरों के साथ खेलते हैं और हार या जीत इस पर निर्भर करेगी कि आपने दूसरों के साथ कैसे खेला, ईश्वर आप का खेल देख रहा है और उसपर प्रतिक्रिया देता है जीवन में। इसका मतलब है, भगवान ने आपको यह जीवन दिया है, और इसमें कैसे आगे बढ़ना है यह आपकी पसंद है और यदि आप अच्छा या बुरा खेलते हैं यह आप पर निर्भर करता है।

इस अभ्यास को कैसे आरम्भ करें?

सर्व प्रथम आपको दिए गए फॉर्मेट को अपने विवेक के अनुसार सही उत्तरों से भरना होगा। प्रारूप का नाम है;

'जीवन में भविष्य की सफलता के लिए स्वतः मूल्यांकन, स्कोर और स्टार रेटिंग के लिए प्रश्नपत्र'

कृपया दिए गए प्रारूप में दिए गए प्रश्नों के सही उत्तर सही ढंग से भरें ताकि आप अपने भविष्य के जीवन की स्थिति के बारे में सही परिणाम पा सकें।

आपको प्रत्येक प्रश्न को अपने वास्तविक व्यवहार के अनुसार सच्चाई से भरना है। (प्रत्येक प्रश्न के सामने संबंधित अंक दिए गए हैं)।

प्रत्येक प्रश्न के अंक उनके महत्व के आधार पर दिए गए हैं। सभी सवालों के जवाब आपको पुस्तक के छठे अध्याय में मिलेंगे। इस अध्याय में प्रश्नावली में आपको पूरी तरह से दिए गए फॉर्मेट में प्रश्नों का उत्तर देना है।

संबंधित प्रारूप में आप अंक देख सकते हैं। यह सलाह दी जाती है कि प्रश्नावली भरने से पहले उत्तर न देखें, अन्यथा परिणाम सही नहीं होगा।

अध्याय 6 में, जीवन के सफलता स्कोर और स्टार *** रेटिंग बोर्ड टेबल पर आपको परिणाम प्राप्त करने के लिए, इसे जांचना होगा और उत्तरों को देखना होगा और उत्तर देना होगा। आपको सभी प्राप्त अंकों को प्रारूप के अनुसार जोड़ना होगा और अंकों का कुल योग (ग्रैंड टोटल) और परिणाम की तालिका में अपना ग्रेड देखें।

स्कोर का यह ग्रैंड टोटल आपके जीवन का स्टार का स्वतः मूल्यांकन है ***जीवन में आपकी भविष्य की सफलता की रेटिंग जिसका आपने उत्तर दिया है जो अध्याय 6 में दिया गया है।

यदि आपने ईमानदारी से उत्तर दिया है, तो आपका स्कोर सटीक होगा जिसे आप जीवन का स्कोर बोर्ड पर देख सकते हैं।

प्रश्नावली

'स्टार के लिए स्व-मूल्यांकन के लिए प्रश्नावली *** रेटिंग और जीवन में भविष्य की सफलता के लिए स्कोर'

प्रश्न 1- आपके पास किस प्रकार की प्रकृति है?

विकल्प   अंक- 22

a) शांत   b) क्रोधित   c) हंसमुख   d) उदास   e) गंभीर

प्रश्न 2- आपके काम की शैली क्या है?

विकल्प   अंक- 10

a) आलसी   b) काम करने में धीमा

c) हाथ में चीजों को विलंबित करना   d) कार्यों में देरी

प्रश्न 3- क्या आप ईश्वर में विश्वास करते हैं?

विकल्प   अंक- 13

a) आस्तिक   b) अविश्वास   c) नास्तिक

प्रश्न 4- आप अपने जीवन को कैसे आकार देते हैं?

विकल्प   अंक- 25

a) स्वयं पर विश्वास?

b) जीवन में अपने अंतर्ज्ञान का पालन करें।

c) दूसरों के सुझावों का पालन करें और उस पर अपना जीवन व्यतीत करें?

d) दूसरों के सुझाव सुनना, निर्णय लेना फिर जीवन में अपने निर्णय का पालन करना।

प्रश्न 5- आप किसका अनुसरण करते हैं और आपको जीवन में मार्गदर्शन करने के लिए कौन प्रेरित करता है?

विकल्प   अंक- 25

a) माता-पिता   b) मित्र   c) शिक्षक/गुरु/संरक्षक

d) स्वयं   e) अन्य   f) कोई नहीं

प्रश्न 6- आप सामान्य रूप से अपने जीवन की योजना कैसे बनाते हैं?

विकल्प   अंक- 45

a) जैसे ही आता है वैसे ही ले जाएं b) सलाह लें।

c) अपने अंतर्ज्ञान का पालन करें d) सोचो और योजना बनाओ।

e) भविष्य के जीवन के लिए अपने लक्ष्य निर्धारित करें।

f) इसे नियति पर छोड़ दें।

प्रश्न 7- वे कौन लोग हैं जिनके लिए आप जीवन में काम करते हैं?

विकल्प   अंक- 51

a) स्वयं

b) आपके परिवार, पत्नी, पुत्रों और पुत्रियों के लिए।

c) आपके माता-पिता और परिवार।

d) राष्ट्र/मानव जाति/जानवरों/समाज/धर्मार्थ कारणों की सेवा के लिए स्वार्थी हितों के लिए।

प्रश्न 8- आपके जीवन की यात्रा का उद्देश्य क्या है?

विकल्प   अंक- 60

a) आध्यात्मिक रूप से जीवन जीना चाहते हैं?

b) विलासिता पूर्ण और जीवन के सुखों के साथ जीना चाहते हैं?

c) कर्तव्यों का पालन करके एक सरल जीवन जीना चाहते हैं और

एक आदर्श जीवन जीना चाहते हैं।

d) जबरदस्ती, अनुचित, अवैध तरीकों से जो आप चाहते हैं उसे हासिल करके जीना चाहते हैं।

e) क्या आप जीवन के आंतरिक उद्देश्य की खोज करके जीना चाहते हैं?

प्रश्न 9- क्या आप अपनी पत्नी के प्रति पूरी तरह ईमानदार हैं?

विकल्प   अंक- 30

a) हाँ, पत्नी के साथ   b) उसके साथ ईमानदार नहीं

c) किसी अन्य महिला के साथ संबंध/प्रेम संबंध हैं

d) दूसरों के साथ

प्रश्न 10- क्या आपके जीवन में किसी के साथ विवाहेतर संबंध हैं? (उत्तर यदि आप विवाहित हैं तो)

विकल्प   अंक- 50

a) हाँ   b) नहीं

प्रश्न 11- आप जीवन में वास्तव में क्या पसंद करते हैं?

विकल्प   अंक- 50

a) पत्नी (यदि विवाहित है)   b) प्रेमिका

c) धन/समृद्धि   d) विपरीत लिंग

e) आप जो करते हैं उससे प्यार करते हैं।

f) आध्यात्मिक लोगों से प्यार करें।

प्रश्न 12- क्या आपने अपने शत्रुओं को क्षमा किया है, यदि आपके पास है?

विकल्प   अंक- 25

a) हाँ, उन्हें माफ नहीं किया।

b) हाँ, लेकिन उन्हें माफ कर दो।

c) कोई दुश्मन नहीं।

प्रश्न 13- क्या आप अपने धर्म या आस्था के सभी अनुष्ठानों का पालन करते हैं?

विकल्प   अंक- 25

a) हाँ, पूरी तरह से
b) हाँ, लेकिन कुछ समय तक इसे करते हैं।
c) नहीं, बिल्कुल नहीं।

प्रश्न 14- क्या आप शाकाहारी हैं या मांसाहारी?

विकल्प   अंक- 20

a) शाकाहारी   b) मांसाहारी

प्रश्न 15- क्या नकारात्मक स्वर में बोलते हैं?

विकल्प   अंक- 50

a) हाँ   b) नहीं   c) बिल्कुल नहीं।   d) कभी-कभी।

प्रश्न 16- दूसरों की बात सुनते समय आप कैसे प्रतिक्रिया देते हैं?

विकल्प   अंक- 50

a) अच्छे श्रोता   b) बुरा श्रोता
c) अचानक प्रतिक्रिया करता है   d) समझदारी से बात करता है

प्रश्न 17- जब आप किसी विषय पर बोलते हैं तो आप अपने बारे में कैसे वर्णन करते हैं?

विकल्प   अंक- 35

a) अच्छा वक्ता   b) बुरा वक्ता   c) बोलने में शर्माता है

प्रश्न 18- क्या आपको जीवन में किसी चीज या व्यक्ति से डर लगता है?

विकल्प   अंक- 30

a) हाँ   b) नहीं

प्रश्न 19- क्या आप अपने जीवन में तनाव या हाइपर-टेंशन का सामना कर रहे हैं?

विकल्प   अंक- 30

a) हाँ   b) नहीं

प्रश्न 20- क्या आप अपने जीवन में किसी से ईर्ष्या करते हैं?

विकल्प   अंक- 30

a) हाँ   b) नंबर

प्रश्न 21- क्या आप अपना समय कुशलता से संभालते हैं?

विकल्प   अंक- 45

a) हाँ   b) नहीं

c) अनावश्यक वस्तुओं पर समय बर्बाद करना।

d) जीवन के लिए आवश्यक निर्धारित मुद्दों पर ही समय संभालें।

प्रश्न 22- क्या आप लालची हैं?

विकल्प   अंक- 35

a) हाँ, लेकिन कुछ हद तक।

b) बहुत लालची।

c) नहीं, बिल्कुल नहीं।

प्रश्न 23- आप किस प्रकार का जीवन जीना चाहते हैं?

विकल्प   अंक- 50

a) भौतिकवादी

b) आध्यात्मिक जीवन का पालन करना चाहते हैं

c) सामान्य पारिवारिक जीवन

d) मेरी पसंद और नापसंद पर जीवन

प्रश्न 24- क्या आप कभी व्यायाम करते हैं या योग और ध्यान करते हैं?

विकल्प   अंक- 50

a) हाँ, कभी-कभी   b) हाँ, नियमित रूप से

c) नहीं, कभी नहीं

प्रश्न 25- क्या आप कभी प्रार्थना करते हैं या मंत्र गपशप करते हैं?

विकल्प   अंक- 35

a) हाँ, नियमित रूप से।

b) नहीं, कभी नहीं।

c) इसे करें लेकिन नियमित रूप से नहीं।

प्रश्न 26- क्या आपके जीवन में कोई बड़ा सपना है जो आपको लगता है?

विकल्प   अंक- 50

a) हाँ   b) नहीं

c) इस बारे में नहीं सोचा।

प्रश्न 27- वैदिक-ज्योतिष के अनुसार आपकी राशि क्या है या आपका जन्म किस महीने और तारीख में हुआ है और राशि क्या है?

विकल्प   अंक- 45

a) राशि चक्र   b) दिन और महीना

c) वैदिक-ज्योतिष शास्त्र के अनुसार राशि?

प्रश्न 28- क्या आप प्राणायाम, योग और ध्यान का अभ्यास करते हैं?

विकल्प   अंक- 50

a) हाँ   b) नहीं

c) नियमित रूप से नहीं।

प्रश्न 29- क्या आप व्यायाम, एक स्वास्थ्य केंद्र, दौड़ना और व्यायाम में जाते हैं?

विकल्प   अंक- 30

a) हाँ   b) नहीं

c) जब मुझे समय मिलता है।

प्रश्न 30- क्या आप भाग्य में विश्वास करते हैं?

विकल्प   अंक- 50

a) हाँ   b) नहीं

c) नियमित रूप से नहीं।

प्रश्न 31- क्या आपने कभी प्रकृति, पक्षियों और जानवरों की सराहना की है?

विकल्प   अंक- 30

a) हाँ, मैं उनकी सराहना करता हूं और देखता हूं।

b) वास्तव में नहीं, मेरे पास समय नहीं है।

प्रश्न 32- क्या आप जानवरों को मार रहे हैं या खा रहे हैं या पेड़ काट रहे हैं या दोनों?

विकल्प   अंक- 30

a) हाँ   b) नहीं

अध्याय 5
आप मस्तिक से नकारात्मकता को कैसे अनदेखा और मिटा सकते हैं ?

हम सभी जानते हैं कि जीवन हमारे पिछले विचारों और कार्यों से आकार लेता है जो कि वास्तविक सत्य है। इसके निर्माण में जितनी अधिक सकारात्मकता होगी, इसके अच्छे परिणाम मिलेंगे और इसके विपरीत आपका जीवन इस बात पर निर्भर करेगा कि आप अपने विचारों और कार्यों की गुणवत्ता के अधीन कैसे बोलते हैं, सोचते हैं और कार्य करते हैं, अच्छा या बुरा। विचार और कार्य आपके भाग्य को निर्धारण करेंगे, लेकिन आम तौर पर, मन अवांछित और अंतहीन विचारों से चलता है, जिसे पूर्ण नियंत्रण के साथ एकाग्रह और नियंत्रित करना कठिन है। अपने मन को नियंत्रित करने के तीन तरीके हैं, पहला है मन की विचारहीन स्थिति में ले जाना जो कि ध्यान है, और दूसरा है अपने नकारात्मक और बुरे कार्यों को नियंत्रित करना, और जीवन में सभी कार्यों में सकारात्मकता का उपयोग करना। तीसरा नकारात्मक, अनावश्यक और अवांछित पिछले विचारों, धारणाओं और कार्यों के संग्रह को मिटाना और मन को सकारात्मक विचारों से भरना है जो आपके लिए काम करते हैं।

लंबे समय तक हर बार सकारात्मक विचारों के लिए अपने मस्तिष्क का प्रयोग करना अत्यंत कठिन होता है। लेकिन विचारों और कार्यों के नकारात्मक गठन को अनदेखा करना बहुत आसान है। मानव शरीर की पांच इंद्रियों के माध्यम से मन में असीमित संख्या में विचार आते हैं। वे बाहरी दुनिया के साथ हमारी बातचीत पर आधारित हैं। अब, इसी तरह के विचार हमारे बोले गए शब्दों में परिवर्तित हो जाएंगे, और बाद में वे हमारे अवचेतन मन को उस व्यक्ति के जीवन में कार्य करने के लिए प्रभावित करते हैं। अधिकतम मनुष्य अपने वार्तालाप में ऐसे शब्दों का प्रयोग करते हैं जिसका कोई औचित्य नहीं होता और उसका जीवन में कोई योगदान भी नहीं होता है, इसलिए ऐसे वार्तालाप से बचना ही उत्तम है और उसे अनदेखा किया जा सकता है।

मनुष्य ऐसे वार्तालाप से कैसे बचे और इसको अनदेखा करे यह समझने की बात है। हालांकि इसकी अत्यंत ही सरल विधि है जिसको मैं पाठकों को बताना चाहता हूँ। जब आप इसका प्रयोग नित्य प्रति और निरंतर अपनी दैनिक बोल-चाल में करेंगे तो अवश्य ही आप नकारात्मकता को अनदेखा कर सकते हैं और उन अवांछित बोले गए शब्दों से बच सकते हैं। कोई भी वाक्य बोलने से पहले आपको यह समझना पड़ेगा कि जो आप बोल रहे हैं क्या वह आपके जीवन लिए महत्वपूर्ण है? यदि नहीं महत्वपूर्ण है तो इसे बोलने से बचें। जब आप दैनिक बातचीत में दूसरों के बारे में झूठा या बुरा बोलते हैं तो याद रखें कि आप अपने और उसके

जीवन में एक गलत घटना को जन्म देते हैं। जब आप कोई नकारात्मक वाक्य का प्रयोग बातचीत में करते हैं, तो भी उससे सम्बंधित घटना को जन्म देते हैं। इसलिए याद रखिये, आपको नकारात्मक बातचीत के प्रयोग को बंद कर देना चाहिए।

अंत में, तीसरा विकल्प है जिसमें आपको अपने पिछले गलत विचारों और कार्यों को मिटाना, ध्वस्त करना और भंग करना है, जिसके कारण ही आप अपने जीवन में दुखी या असंतुष्ट हैं। यह किया जा सकता है, जब आप अपने मन मस्तिष्क को कुछ स्व निर्मित ऑटो-सुझाव, मंत्र या प्रार्थना के माध्यम से। यदि आप इन तीन चरणों में से प्रत्येक का अभ्यास और पालन कर सकते हैं, तो आप अपने विचारों में बदलाव कर सकते हैं, और इस प्रकार आपके वास्तविक जीवन में भी वास्तविक बदलाव आ सकता है।

मंत्रों में आंतरिक या भौतिकवादी दुनिया में चीजों को टीक करने और प्रकट करने की अपार शक्ति है क्योंकि इसका उच्चारण बहुत प्राचीन वैदिक शास्त्रों में किया गया है। सर्वशक्तिमान की स्तुति और संदेश देने के अन्य रूप होंगे; प्रार्थना, ऑटो-सुझाव और प्रतिज्ञान। इसके पीछे मूल अवधारणा आपकी आवाज, बोले गए शब्दों और जीभ की शक्ति है।

नकारात्मकता को कैसे कम करें ?

इसके लिए आपको इस तरह से एक प्रयोग करना होगा;

1 स्वयं के लिए अच्छे वाक्यों का प्रयोग करें और स्वयं को कभी कम न आंकें। दूसरों के लिए भी अच्छे वाक्य का प्रयोग और अच्छा व्यवहार रखें।

2 शाकाहारी भोजन का प्रयोग करें। शाकाहारी व्यंजनों से शरीर स्वस्थ और क्रियाशील रहता हैं और अधिकतम रोगमुक्त होता है।

3 प्रातः कल में स्नान अदि के उपरांत प्राणायाम, ध्यान करना चाहिए और कोई धार्मिक ग्रंथ या महाकाव्य पढ़ना चाहिए। इससे मनुष्य के जीवन में ज्ञान का उदय होता हैं और मन क्रियाशील होकर जीवन सफल बनता है।

4 जब आप शांत हों तो विचार करें कि आप अपनी दिनचर्या में क्या क्या नकारात्मक शब्दों का प्रयोग करते हैं? ऐसे शब्द एक पेपर में नोट करें और उसके विपरीत के शब्दों को भी लिखें। परन्तु आपको केवल विपरीत शब्दों जो कि सकारात्मक होंगे, ऐसे शब्दों का ही अपने जीवन में प्रयोग करना है।

5 जब आप कभी अपने लिए या किसी के लिए कोई नकारात्मक बात कहें, तो उसी समय ऐसे नकारात्मक वाक्य को अपने मस्तिष्क से बाहर करें, जिससे कोई भी बुरी घटना न घटित हो। इस प्रकार को

मस्तिष्क से हटाने के लिए यह वाक्य कई बार बोलें; 'मैं क्षमा कर देता हूं और भूल जाता हूं (नाम) जिसने मुझे कभी दुखी या नाराज किया है। धन्यवाद।'

6   आप ऐसे शब्दों का प्रयोग बंद कर सकते हैं: नहीं, न, कभी नहीं, नहीं किसी भी वाक्य में प्रयोग करना बंद करें। इसके विपरीत शब्द का प्रयोग करें जैसे : हाँ, बिलकुल, अवश्य, आदि। यह करने से आप देखेंगे कि दिनचर्या की बोल-चाल अधिकतर सकारात्मक हो जाएगी जिससे जीवन में सुन्दर घटनायें घटित होंगीं।

7   आप इस प्रकार के शब्दों का प्रयोग बंद करते हुए ऐसे सभी शब्दों का प्रयोग बंद कर सकते हैं जिनका नकारात्मक अर्थ हो जैसे; बुरा, क्रूर, दुष्ट, घृणा, आशाहीन, संदेह, भय, क्रोध, ईर्ष्या, शाप, यातना, लड़ाई, झगड़ा, मार, आदि। इस प्रकार के और भी शब्द हो सकते हैं जो प्रत्येक व्यक्ति द्वारा उपयोग किए जा सकते हैं जो नकारात्मक बात को दर्शाते हैं।

आप अपनी बातचीत में उपयोग के लिए अपनी शब्दावली में कुछ सकारात्मक शब्द या समानार्थक शब्द जोड़ सकते हैं, जैसे कि प्यार (प्रेम), अच्छा, अद्भुत, सुखद, आशा, जैसे, आत्मविश्वास, निश्चित, प्रार्थना, मदद आदि। प्रत्येक व्यक्ति एक अलग तरीके से बोलता है। शब्दों का चयन और उन्हें उसकी अच्छी या बुरी शब्दावली के अनुसार सकारात्मक अर्थों में इस्तेमाल और त्यागना होगा।

8 नकारात्मकता को समाप्त करने के लिए आपको समय समय पर कुछ प्रार्थनाएं या स्व निर्मित प्रार्थना को प्रातः कल कुछ दिन के लिए करना होगा जब आपका मन नकारात्मक प्रभाव में प्रवेश करता है। आप इनमें से कोई भी प्रार्थना चुन सकते हैं।

दिव्य प्रेम मेरे मन, शरीर और गतिविधियों की हर गलत स्थिति को भंग और नष्ट कर देता है। ईश्वरीय प्रेम ब्रह्मांड का सबसे शक्तिशाली रसायन है जो हर उस चीज को नष्ट कर देता है जो स्वयं की नहीं है। 'प्रातःकाल और सायंकाल को कुछ 1/2 मिनट्स पढ़ें।'

'मैं अपने बोले गए शब्दों से वह हर असत्य रिकॉर्ड तोड़ता और ध्वस्त करता हूं, जो कि मेरे अवचेतन मन का निर्माण करता है। वे सभी असत्य रिकाड्र्स अपने मूल शून्य के मिट्टी के ढेर में लौट आएंगे, क्योंकि वे मेरे ही व्यर्थ कामों से आए हैं। अब, मैं अपने भीतर के ईश्वर के माध्यम से, स्वास्थ्य, धन, प्रेम और पूर्ण आत्म-अभिव्यक्ति के अभिलेखों का संपूर्ण रिकॉर्ड बनाता हूं। शुक्रिया।'

अब उन सभी नकारात्मक शब्दों की पहचान करें जिनका उपयोग आप दैनिक बातचीत और स्वतः की बातचीत में करते हैं। प्रत्येक व्यक्ति ऐसे नकारात्मक और सकारात्मक शब्द लिख सकता है जो वह बोलता है। यह एक व्यक्ति से दूसरे व्यक्ति पर निर्भर करेगा कि आप अपने आप

से कैसे बात करते हैं और परिवार, माता-पिता, दोस्तों, सहकर्मियों और अन्य लोगों के साथ कैसे बातचीत करते हैं, लेकिन सबसे अधिक इस्तेमाल किए जाने वाले शब्दों को अभ्यास से रोका और टाला जा सकता है।

आप जैसे शब्दों का प्रयोग बंद कर सकते हैं; नहीं, कभी नहीं, कर सकता, नहीं किया और ऐसा कोई भी शब्द। हम ऐसे सभी शब्दों का प्रयोग बंद कर सकते हैं जिनका नकारात्मक अर्थ हो जैसे बुरा, क्रूर, दुष्ट, घृणा, आशाहीन, संदेह, भय, क्रोध, ईर्ष्या, शाप, यातना, लड़ाई, झगड़ा, मार, बदतर आदि। ऐसे और भी शब्द हो सकते हैं जो प्रत्येक व्यक्ति के द्वारा उपयोग किए जा सकते हैं जो नकारात्मक बात को दर्शाते हैं।

इसके बजाय, आप अपनी बातचीत में उपयोग के लिए हमारी शब्दावली में कुछ बेहतर शब्द या समानार्थक शब्द जोड़ सकते हैं, जैसे कि प्यार, अच्छा, अद्भुत, सुखद, आशा, जैसे, आत्मविश्वास, निश्चित, प्रार्थना, मदद आदि। प्रत्येक व्यक्ति एक अलग तरीके से बोलता है। शब्दों का चयन और उन्हें उसकी अच्छे या बुरी शब्दावली के अनुसार सकारात्मक अर्थों में इस्तेमाल और त्यागना होगा।

अंत में, तीसरा विकल्प में आपको अपने पिछले गलत विचारों और कार्यों को मिटाना, ध्वस्त करना और भंग करना है, यही कारण है कि आप अपने जीवन में दुखी या असंतुष्ट हैं। यह किया जा सकता है, अपने मन को कुछ प्रासंगिक ऑटो-सुझाव, मंत्र या प्रार्थना के साथ जोड़कर। यदि आप इन तीन चरणों में से प्रत्येक का अभ्यास और पालन कर सकते हैं, तो आप अपने विचारों में बदलाव पा सकते हैं, और इस प्रकार आपके वास्तविक जीवन में भी वास्तविक बदलाव आ सकता है।

मंत्रों में आंतरिक या भौतिकवादी दुनिया में चीजों को ठीक करने और प्रकट करने की अपार शक्ति है क्योंकि इसका उच्चारण बहुत प्राचीन वैदिक शास्त्रों में किया गया है। सर्वशक्तिमान की स्तुति और संदेश देने के अन्य रूप होंगे- प्रार्थना, ऑटो-सुझाव और प्रतिज्ञान। इसके पीछे मूल अवधारणा आपकी आवाज, बोले गए शब्दों और जीभ की शक्ति है।

ओम की शक्ति

आप सर्वोच्च ईश्वर का वर्णन इस प्रकार कर सकते हैं, जिन्हें 'परम-ब्रह्म' के रूप में जाना जाता है। ब्रह्मा शब्द का अर्थ है ब्रह्मांड का निर्माता। परन्तु ब्रह्म और परम-ब्रह्म में बहुत बड़ा अंतर है। परम ब्रह्मा, ब्रह्मा की त्रिमूर्ति है, भगवान विष्णु और भगवान शिव और देवी-देवता परम ब्रह्मा के शक्ति प्रतीक हैं। सर्वोच्च ब्रह्म भगवान न कभी जन्म लेते हैं और न ही कभी समाप्त होते हैं। उसका कोई आकार नहीं है, वह आदि-अनंत है। वह सर्वव्यापी, सर्वज्ञ और सर्वशक्तिमान हैं।

AOM ओम भगवान का प्रतीक है जिसमें तीन अक्षर, A आ,

O ओ और M ऍम शामिल हैं।

A आ का अर्थ है – भगवान विष्णु

O ओ का अर्थ है – भगवान शिव

M ऍम का अर्थ है – भगवान ब्रह्मा (ब्रह्मा देवता)

जब आप देवी-देवता की पूजा करते हैं तो आप एक भगवान की पूजा करते हैं, लेकिन जब आप ओम का जाप करते हैं तो आप सर्वोच्च भगवान, परम ब्रह्मा की पूजा करते हैं।

यदि आप ओम का जाप करते हैं तो बहुत अधिक लाभ होते हैं। ओम का जाप प्रतिदिन कुछ मिनट के लिए सुबह जल्दी करें–

1- पद्मासन की मुद्रा में बैठने या प्राकृतिक बैठने की मुद्रा में रीढ़ की हड्डी पूरी तरह सीधी हो और ओम का जप करते समय वृद्ध होने पर भी आपकी रीढ़ की हड्डी बहुत मजबूत हो जाती है। अगर आपको हड्डियों की कोई समस्या है तो आप जल्दी ठीक हो जाते हैं।

2- यदि आप प्रातःकाल ब्रह्म मुहूर्त के रूप में जाप करते हैं, तो आप अधिकतम ऑक्सीजन लेते हैं और आपका शरीर चार्ज होता है, जिससे आपको पूरे दिन ऊर्जा मिलती है।

3- पेट में पाचन शक्ति को बढ़ाने के कारण जठर रस अपने भोजन को पचाने में सक्रिय रूप से भाग लेता है। यह ओम के जाप के कंपन के कारण है।

4- ओम के जप से मानव शरीर में रक्त संचार बेहतर होता है इसलिए शरीर का सारा तंत्र सक्रिय हो जाता है।

5- मन में सभी नकारात्मक कारक निष्क्रियता, भय, पीड़ा और चिंता जैसे सभी नकारात्मक कारकों से मुक्त हो जाते हैं।

6- यह तनाव, उच्च रक्तचाप को कम करता है और विश्राम के साथ आप शांत हो जाते हैं।

7- आपको अच्छी नींद आती है और इसलिए नहीं होती रक्तचाप की समस्या।

8- जब मन अधिक सक्रिय हो जाता है, तो यह आपको स्वचालित रूप से आपके कार्य के क्षेत्रों में नई ऊंचाइयों पर ले जाता है।

गायत्री मंत्र की शक्ति

ॐ भूर्भुवः स्वः तत्सवितुर्वरेण्यं भर्गो देवस्यः धीमहि धियो यो नः प्रचोदयात्

इस मंत्र की व्याख्या 6000 हजार वर्ष पुराने प्राचीन साहित्य, वेद में की गई है, इसलिए यह बहुत शक्तिशाली मंत्र है। इस मंत्र में नौ

अक्षर हैं, जो नौ गुरुओं का प्रतिनिधित्व करते हैं। यदि आप इस मंत्र का जाप करते हैं, जिसे गायत्री मंत्र के नाम से जाना जाता है, तो इस मंत्र में निहित शक्ति आपके मन मस्तिष्क को सही दिशाओं में ले जाएगी और आपका मस्तिष्क सकारात्मक रूप से कार्य करेगा जिस तरह से आप आगे बढ़ना चाहते हैं। आप इस गायत्री मंत्र का 3, 7, 6, 21, 31 बार या 108 बार जाप कर सकते हैं। इस मंत्र के जाप का सही समय सुबह और शाम है। इस मंत्र का जाप करने से आप जीवन में धन, सुख और शांति की प्राप्ति का अनुभव प्राप्त कर सकते हैं।

सूर्य देवता की स्तुति में गाए गए इस मंत्र का अर्थ इस प्रकार है;

आइए हम अपनी आत्माओं को ईश्वर जैसे रूपों में दुखों, सुखों, महान, गौरवशाली, पाप को परमात्मा को आत्मसात करें। वह परमात्मा सूर्योदय में हमारी बुद्धि को प्रेरित करें।

गायत्री मंत्र के प्रत्येक शब्द का अर्थ इस मंत्र को शक्तिशाली बनाता है और इसके 7 शब्द भगवान के 4 गुण बताते हैं;

प्रण	- प्रणव
भूर	- मनुष्य को जीवन देने वाला
भुवः	- दुखों का नाश करने वाला
स्व कृपालु	
तात	- वह, सवितुर = सूर्य भाति उज्जवल
वरन्या	- बेस्ट
बर्गो	- कर्मों का तारणहार
भगवान	- भगवान
धीमही	- आत्म-प्रतिबिंब के योग्य (ध्यान)
धियो	- ज्ञान, यो - जो, नह - हमारा,
प्रचौदयत	- हमें शक्ति दो (प्रार्थना)

ॐ विश्ववानी देव सवितुर्दुरितानि परसुवी
यादभद्रम तन्ना असुवा।

यजुरा वेद (ए 30, एम 3)

अर्थः

'हे भगवान, प्रवर्तक सारे संसार के, हे पूर्ण विकसित परमेश्वर! पूर्ण ऐश्वर्य का।

हमारे सभी दुर्भाग्य और दुखों को दूर करें।

जो गुण, कर्म, प्रकृति और पदार्थ के गुण हैं, कृपया उन्हें हमें वापस दे दें।'

यह कुछ स्वयं के स्वस्ति वाचक मंत्र हैं जिन्हें बोलने मात्रा से मन से नकारात्मकता समाप्त हो जाती है यदि इनको दस दिनों तक बोला जाये प्रातः और संध्याकाल में और समय समय पर।

1- 'दिव्य प्रेम मन, शरीर और कार्यों की हर गलत स्थिति को भंग और नष्ट कर देता है। ईश्वरीय प्रेम ब्रह्मांड का सबसे शक्तिशाली रसायन है जो हर उस वस्तु को विलीन कर देता है जो स्वयं की नहीं है।'

2- 'मैं अपने अवचेतन मन के हर असत्य कार्यों को अपने बोले गए वाक्यों से तोड़ता और नष्ट करता हूं। वे अपने मूल शून्य के मिट्टी के ढेर में लौट जाए, क्योंकि वे मेरे व्यर्थ कार्यों से आए हैं। अब मैं स्वास्थ्य, धन, प्रेम और पूर्ण आत्म-अभिव्यक्ति के अभिलेखों का अपने संपूर्ण आदर्श बनाता हूं। धन्यवाद।'

3- 'हर वह असत्य भविष्यवाणी धराशायी हो, हर ऐसी योजना, जिसकी मेरे परमेश्वर ने योजना नहीं बनाई है, भंग हो। दैवीय विचार, अब पारित होता है; मैं प्रार्थना करता हूं कि ईश्वर की इच्छा पूर्ति हो।'

अध्याय 6
भविय की सफलता/विफलता के स्व-मूल्यांकन और रेटिंग के परिणाम।

कृपया पाठक यह समझ लें कि युवा जीवन के प्रारंभिक चरणों के समय यदि पाठक अपने आगामी भविष्य के जीवन की स्टार रेटिंग के सम्बंधित सफलता या विफलता का आकलन करता है और जो भी परिणाम आते हैं वह केवल सांकेतिक हैं और मेरी भविष्यवाणी नहीं हैं। यह आपके लिए या ज्योतिषी/हस्तरेखा की गणना के रूप में मेरी भविष्यवाणी नहीं है, बल्कि किसी व्यक्ति की प्राकृतिक पूर्व निर्धारित धारणा, प्रकृति और जीवन की यात्रा के निर्माण की दिशा में प्रयास करने के आधार पर एक सामान्य पठन है।

यदि आपको ऐसा प्रतीत होता है कि आपके जीवन रेटिंग अच्छी नहीं हैं और आप जीवन की सर्वश्रेष्ठ दिशा के लिए नहीं जा सकते हैं, तो मैं पाठकों को आश्वस्त कर सकता हूं कि ऐसे विकल्प और विधि हैं, जिनके द्वारा आप अभी से जीवन को सबसे बुरे समय से सर्वश्रेष्ठ तक खींच सकते हैं। यह मेरा निरंतर प्रयास होगा कि इस पुस्तक के माध्यम से आगाह करूँ कि आपके जीवन के निर्वहन में आपकी कहां त्रुटि है और आप कहाँ शक्तिहीन हैं? कैसे आप अपनी कार्यशैली, सोच, पूर्व निर्धारित विचार, योजना, व्यवहार में बदलाव ला सकते हैं ? सकारात्मक और सफल जीवन के अच्छे निर्माण के लिए आवश्यक है कि आपके कार्यों में, दूसरों को देने की, साझा करने, सेवा करने की, प्रवृत्ति सबसे ऊपर होना चाहिए।

जीवन की सफलता स्कोर और स्टार-रेटिंग बोर्ड-टेबल

आप अपने उत्तरों के अंकों को लिखें जो इस 'जीवन में भविष्य की सफलता के लिए स्वतः मूल्यांकन, स्कोर और स्टार रेटिंग' के लिए दिए गए प्रारूप में प्रत्येक प्रश्न के सामने और इस अध्याय के अंत में अपना परिणाम को ठीक प्रकार से बोर्ड-टेबिल में उत्तरों को लिखकर योग कर अंक देखें और अपना स्कोर जानें। स्कोर जानने के साथ ही परिणाम की रेटिंग देखें।

प्रश्न 1- आपके पास किस प्रकार की प्रकृति है?

विकल्प	अंक-22
a) शांत	अंक - 7
b) क्रोधित	अंक - 1
c) हंसमुख	अंक - 8
d) उदास	अंक - 1

e) गंभीर   अंक - 5

प्रश्न 2- आपके काम की शैली क्या है?

विकल्प   अंक-10

a) आलसी   अंक - 1
b) काम करने में धीमा   अंक - 2
c) हाथ से काम करने में विलंब   अंक - 2
d) कार्य में देरी   अंक - 1
e) कड़ी मेहनत करें, समय पर काम पूरा करने   अंक - 4
का प्रयास करना।

प्रश्न 3- क्या आप ईश्वर में विश्वास करते हैं?

विकल्प   अंक-13

a) आस्तिक   अंक - 10
b) अविश्वासी   अंक - 2
c) नास्तिक   अंक - 1

प्रश्न 4- आप किसका अनुसरण करते हैं और उनकी सलाह पर आप अपने जीवन की यात्रा बनाते हैं?

विकल्प   अंक-25

a) स्वयं पर विश्वास?   अंक - 5
b) जीवन में अपने अंतर्ज्ञान का पालन करें।   अंक - 7
c) दूसरों के सुझावों का पालन करें और अपने
   जीवन को आगे बढ़ाएं?   अंक - 3
d) दूसरों के सुझावों को सुनता है, निर्णय लेता है
   और फिर स्वयं अनुसरण करता है।   अंक - 10

प्रश्न 5- आप किसका अनुसरण करते हैं और उनकी सलाह पर आप अपना भाग्य बनाते हैं?
विकल्प   अंक-25

a) माता-पिता   अंक - 6
b) मित्र   अंक - 1
c) शिक्षक/गुरु/संरक्षक   अंक - 7
d) स्वयं   अंक - 8
e) अन्य   अंक - 2

f) कोई नहीं   अंक - 1

प्रश्न 6- आप सामान्य रूप से अपने जीवन की योजना कैसे बनाते हैं?

विकल्प   अंक-45

a) जैसे ही आता है वैसे ही ले जाएं।   अंक - 3
b) सलाह लें और कार्य करें।   अंक - 5
c) अपने अंतर्ज्ञान का पालन करें।   अंक - 9
d) सोचें और योजना बनाएं।   अंक - 10
e) भविष्य के जीवन के लिए अपने लक्ष्य निर्धारित करें।   अंक - 15
f) इसे भाग्य पर छोड़ दो।   अंक - 3

प्रश्न 7- जब आप अपनी जीवन यात्रा का नेतृत्व करते हैं तो आप किसके लिए काम करते हैं?

विकल्प   अंक-51

a) स्वयं के लिए   अंक - 2
b) आपके परिवार, पत्नी, बेटे और बेटियों के लिए।   अंक - 4
c) आपके माता-पिता और परिवार और धर्मार्थ कारण।   अंक- 15
d) राष्ट्र/मानव जाति/जानवरों/समाज/धर्मार्थ कारणों की
    सेवा के लिए स्वार्थी हितों के लिए।   अंक - 30

प्रश्न 8- आपके जीवन की यात्रा का उद्देश्य क्या है?

विकल्प   अंक - 50
a) आध्यात्मिक रूप से जीवन जीना चाहते हैं?   अंक - 40
b) शान से और जीवन के सुख के साथ जीना चाहते हैं?   अंक - 20
c) कर्तव्यों का पालन करके एक सरल जीवन जीना
    चाहते हैं और एक आदर्श जीवन जीना चाहते हैं।   अंक - 50
d) जबरदस्ती, अनुचित, अवैध तरीकों से जो आप
    चाहते हैं उसे हासिल करके जीना चाहते हैं।   अंक - 10
e) क्या आप जीवन के आंतरिक उद्देश्य की खोज
    करके जीना चाहते हैं?   अंक - 60

प्रश्न 9- यदि आप विवाहित हैं, तो क्या आप अपनी पत्नी के प्रति पूर्णतः ईमानदार हैं?

विकल्प   अंक-30

a) हाँ, पत्नी के साथ।   अंक - 3

b) उसके साथ ईमानदार नहीं। अंक - 10
c) किसी अन्य महिला के साथ प्रेम संबंध हैं। अंक - 5
d) दूसरों के साथ। अंक - 3

प्रश्न 10- क्या आपके जीवन में किसी के साथ विवाहेतर संबंध हैं?
 (उत्तर दें यदि आप विवाहित हैं)
विकल्प अंक - 50

a) हाँ अंक - 25
b) नहीं अंक - 50

प्रश्न 11- आप जीवन में वास्तव में क्या पसंद करते हैं?
विकल्प अंक - 70

a) पत्नी अंक - 70
b) गर्लफ्रेंड अंक - 30
c) धन/समृद्धि अंक - 25
d) विपरीत लिंग अंक - 5
e) आप जो करते हैं उससे प्यार करें अंक - 20
f) आध्यात्मिक लोगों से प्यार करें अंक - 35

प्रश्न 12- क्या आपने अपने शत्रुओं को क्षमा किया है, यदि आपके पास है?

विकल्प अंक - 25

a) हाँ, उन्हें माफ नहीं किया अंक - 5
b) हाँ, लेकिन उन्हें माफ कर दो अंक - 20
c) कोई दुश्मन नहीं अंक - 25

प्रश्न 13- क्या आप अपने धर्म या आस्था के सभी अनुष्ठानों का पालन करते हैं?

विकल्प अंक - 25
a) हाँ, पूरी तरह से। अंक - 15
b) हाँ, लेकिन कुछ समय ही पालन करते है। अंक - 8
c) नहीं, बिल्कुल नहीं।   अंक - 2

प्रश्न 14- क्या आप शाकाहारी हैं या मांसाहारी?

विकल्प अंक-45

a) शाकाहारी   अंक - 45
b) मांसाहारी   अंक - 20

प्रश्न 15- क्या नकारात्मक स्वर में बोलते हैं?

विकल्प   अंक-50

a) हाँ   अंक - 15
b) नहीं, बिल्कुल नहीं   अंक - 45
c) कभी-कभी   अंक - 25

प्रश्न 16- दूसरों की बात सुनते समय आप कैसे प्रतिक्रिया देते हैं?

विकल्प   अंक-40

a) अच्छा श्रोता   अंक - 30
b) बुरा श्रोता   अंक - 15
c) अचानक प्रतिक्रिया करता है   अंक - 10
d) समझदारी से बात करता है   अंक - 40

प्रश्न 17- जब आप किसी विषय पर बोलते हैं तो आप अपने बारे में कैसे वर्णन करते हैं?

विकल्प   अंक-35

a) अच्छा स्पीकर   अंक - 30
b) खराब स्पीकर   अंक - 15
c) बोलने में शर्म आती है।   अंक - 10

प्रश्न 18- क्या आपको जीवन में किसी चीज या व्यक्ति से डर लगता है?

विकल्प   अंक-30

a) हाँ   अंक - 10
b) नहीं   अंक - 25

प्रश्न 19- क्या आप अपने जीवन में तनाव या हाइपर-टेंशन का सामना कर रहे हैं?

विकल्प   अंक-30

a) हाँ   अंक - 25
b) नहीं   अंक - 10

प्रश्न 20- क्या आप अपने जीवन में किसी से ईर्ष्या करते हैं?

विकल्प   अंक - 30

a) हाँ   अंक - 10
b) नहीं प्राप्त   अंक - 25

प्रश्न 21- क्या आप अपना समय कुशलता से संभालते हैं?

विकल्प   अंक - 45

a) बिल्कुल   अंक - 40
b) वास्तव में नहीं   अंक - 15
c) अनावश्यक, फालतू चीजों पर समय बर्बाद करना।   अंक - 10
d) जीवन के लिए आवश्यक निर्धारित मुद्दों पर ही
   समय संभालें।   अंक - 25

प्रश्न 22- क्या आप लालची हैं?

विकल्प   अंक - 35

a) हाँ, लेकिन कुछ हद तक।   अंक - 20
b) बहुत लालची।   अंक - 15
c) नहीं, बिल्कुल नहीं।   अंक - 30

प्रश्न 23- आप किस प्रकार का जीवन जीना चाहते हैं?

विकल्प   अंक-50

a) भौतिकवादी   अंक - 15
b) आध्यात्मिक जीवन का पालन करना चाहते हैं   अंक - 45
c) सामान्य पारिवारिक जीवन।   अंक - 35
d) मेरी पसंद और नापसंद पर जीवन।   अंक - 25

प्रश्न 24- क्या आप कभी व्यायाम करते हैं या योग और ध्यान करते हैं?

विकल्प   अंक - 50

a) हाँ, कभी-कभी   अंक - 35
b) हाँ, नियमित रूप से।   अंक - 45
c) नहीं, कभी नहीं।   अंक - 15

प्रश्न 25- क्या आप कभी प्रार्थना करते हैं या मंत्र गपशप करते हैं?

विकल्प	अंक - 50
a) हाँ, नियमित रूप से।	अंक - 45
b) नहीं, कभी नहीं	अंक - 15
c) हाँ, करो लेकिन नियमित रूप से नहीं।	अंक - 25

प्रश्न 26- क्या आपके जीवन में कोई बड़ा सपना है जो आपको लगता है कि सच हो सकता है?

विकल्प	अंक - 50
a) हाँ	अंक - 45
b) नहीं	अंक - 10
c) इस बारे में नहीं सोचा।	अंक - 20

प्रश्न 27- आपकी राशि क्या है या आपका जन्म किस महीने और तारीख में हुआ है?

विकल्प	अंक - 45
a) राशि चक्र	अंक - 20
b) राशि वैदिक ज्योतिष के अनुसार	अंक - 35

प्रश्न 28- क्या आप व्यायाम करते हैं या योग और ध्यान करते हैं?

विकल्प	अंक - 50
a) हाँ	अंक - 45
b) नहीं	अंक - 15
c) कभी-कभी जब मुझे समय मिलता है।	अंक - 20

प्रश्न 29- क्या आप व्यायाम, एक स्वास्थ्य केंद्र, दौड़ना और व्यायाम में जाते हैं?

विकल्प	अंक - 50
a) हाँ	अंक - 30
b) नहीं सी जब मुझे समय मिलता है	अंक - 15

प्रश्न 30- क्या आप भाग्य में विश्वास करते हैं?

विकल्प	अंक - 50
a) हाँ	अंक - 15

b) नहीं   अंक - 25
c) कार्य करने में विश्वास करते हैं।   अंक - 45

प्रश्न 31- क्या आपने कभी प्रकृति, पक्षियों और जानवरों की सराहना की है?

विकल्प   अंक - 30

a) हाँ, मैं उनकी सराहना करता हूं और देखता हूं।   अंक - 30
b) वास्तव में नहीं, मेरे पास समय नहीं है।   अंक - 10

प्रश्न 32- क्या आप जानवरों को मार रहे हैं या खा रहे हैं या पेड़ काट रहे हैं या दोनों?

विकल्प   अंक - 30
a) हाँ   अंक - 10
b) नहीं   अंक - 30

'जीवन में भविष्य की सफलता के लिए स्व-मूल्यांकन, स्कोर और स्टार रेटिंग' का परिणाम

1- बहुत अच्छे स्टार रेटिंग**
2- अच्छे स्टार रेटिंग**
3- असंतोषजनक रेटिंग

आगामी जीवन की स्टार रेटिंग***के परिणाम।

1- बहुत अच्छेः स्टार रेटिंग**अंक -------------- 800 से 1024 के बीच
2- अच्छेः** -------------------- 590 और 799 के बीच
3- असंतोषजनक अंक प्राप्तः -----270 से 435 के बीच।

मैं उन पाठकों को बधाई देना चाहता हूं जिन्होंने अच्छे अंक प्राप्त किए हैं, लेकिन उन पाठकों को आश्वस्त करना चाहता हूं जिन्होंने अच्छा नहीं किया है, परन्तु वे अभी भी युवा होने के अतीत को सुधारने के प्रयास कर सकते हैं। आपके सामने पूरा जीवन है और मेरे अगले अध्याय में आपको 360 डिग्री मोड़ बनाने के लिए कुछ अच्छे सुझाव मिलेंगे और जीवन में नई ऊंचाइयों तक पहुंच सकते हैं।

अध्याय 7

जीवन में सफलता प्राप्त करने के लिए जीवन का पांच सितारा मापदंड और मानक कैसे सुधारें ?

जीवन कर्मों का खेल हैं।

आज आप जो कुछ भी है, अपने कर्मों के कारण है। जैसा कर्म होगा वैसा ही जीवन जीना व्यतीत करना पड़ता है। इसलिए आप ही कारण हैं और जिस प्रकार की जीवन में घटनाएं हो रही हैं वह उसका प्रभाव हैं, जो आपके द्वारा बनाया गया है या तो इस जीवन में या पिछले जीवन काल में। यदि यह अच्छे या बुरा उसका प्रभाव उसी प्रकार होता हैं। याद रखिये, इसके लिए आप स्वयं ही जिम्मेदार कोई दूसरा नहीं है, यहां तक कि ईश्वर भी नहीं। ईश्वर से जो भी मांगते हैं अपनी वाणी, विचार और कर्मों द्वारा वह ईश्वर आपको देता हैं। इसलिए अच्छे कर्म प्रधान हैं शांति, सुखद और स्वस्थ जीवन के लिए।

भगवत गीता 3.31--32 भगवान **कृष्ण कहते हैं, 'जो लोग बिना शिकायत के ईश्वरीय नियमों से जीते हैं, वे विश्वास में दृढ़ता से स्थापित होते हैं, वे कर्म से मुक्त हो जाते हैं। जो लोग इन कानूनों का उल्लंघन करते हैं, आलोचना करते हैं और शिकायत करते हैं, वे पूरी तरह से भ्रमित हैं और वे उनके दुख का कारण हैं'।**

भगवद् गीता में, **श्री कृष्णा कहते है, 'हर व्यक्ति जन्म से गुणों के साथ पैदा होता है, जो तीन प्रकार का हो सकता है– सात्विक (अच्छाई की विधा), राजसिक (जुनून का तरीका), या तामसिक (अज्ञान का तरीका)। (भगवद् गीता 17.2) और हमारे विश्वास की गुणवत्ता हमारे मन की प्रकृति से तय होती है। 'सभी मनुष्यों का विश्वास उनके मन की प्रकृति के अनुरूप होता है। सभी लोगों में विश्वास होता है, और उनके विश्वास की प्रकृति जो भी हो, वास्तव में वे वही हैं।'** (भगवद् गीता 17.3)

जब आप का जन्म हुआ था तो आपको कुछ जन्म से ही गुण विरासत में मिले हैं जो सभी आस्था और धर्म हैं, और प्राचीन पुराने महाकाव्यों में इसका वर्णन इस प्रकार किया गया है;

जिन्हें तमो गुण विरासत में मिलते हैं, उनका झुकाव बुराइयों की ओर होता है। जो राजसिक गुणों को प्राप्त करते हैं वे सत्ता, धन, प्रतिशोध, क्रोध और भोग की वासना के लिए जाते हैं, लेकिन जो अपने भीतर सत्त गुण भरते हैं वे सभी अच्छाइयों के प्रति आकर्षित हो जाते हैं, प्रेम की शक्ति प्रवाहित होती है, और उनके जीवन में अच्छे कर्मों का आना तय

है। ऐसा व्यक्ति कठोर तपस्या (सादा जीवन) का पालन करता है, अपने अहंकार, इच्छाओं, मोह को नियंत्रित करता है और अपने भीतर रहता है। वे अभ्यास के साथ योग, प्राणायाम और गहन ध्यान और आंतरिक चक्रों को खोलकर सर्वोच्च आत्मा के करीब हो जाता है।

इसलिए, यह वह गुण है जो आपको विरासत में मिला है, इसका आपके जीवन चक्र से सीधा संबंध है, और यदि यह अच्छा नहीं है तो आपको इसमें बदलाव करने होंगे।

जीवन में कैसे बदलाव करें ?

यदि आपकी रेटिंग औसत से खराब के रूप में है, तो आपको चिंता नहीं करनी चाहिए क्योंकि आपकी रेटिंग आपके आज के विचारों, स्वभाव और व्यवहार के अनुसार है जिसे आपकी कमजोरियों, नकारात्मक मानसिकता, पूर्व-निर्धारित धारणाओं और आपके गलत कार्यों को जानने के बाद बदला जा सकता है। आपको या तो अपना स्वयं आत्मविश्लेषण करना होगा या भविष्य के जीवन की सफलता के लिए मानक और सितारा *** रेटिंग निकलनी पड़ेगी। जीवन में सुधार करने के लिए, आप गुणवत्ता को बेहतर बना सकते हैं।

आप छठे अध्याय में अपना स्कोर देख सकते हैं और फिर सर्वोत्तम परिणामों के लिए जीवन में सुधारात्मक कार्रवाई देख सकते हैं।

(रेटिंग नीचे दी गई होगी)

जीवन में भविष्य की सफलता के लिए आपका स्कोर और स्टार * रेटिंग के रूप में प्राप्त अंकों के अनुसार है:**

जीवन की स्टार रेटिंग***

अति उत्तम पांच सितारा रेटिंग 800 से 1024 के बीच प्राप्त किये गए अंक**

उत्तम सितारा रेटिंग ** 590 से 799 के बीच प्राप्त किये गए अंक

असंतोषजनक 270 से 435 के बीच प्राप्त किए गए अंक

सफल होने के लिए अपने जीवन के सितारे रेटिंग और स्कोर में परिवर्तन कैसे ला सकते हैं?

एक सफल जीवन जीने के तीन चरण होते हैं;

जीवन एक सही सोच (विचार) और गलत या बुरी सोच की लड़ाई हैं और व्यक्ति इसके बीच जीवन भर लड़ता रहता है। जीवन मनुष्य

की नकारात्मक और सकारात्मक सोच के बीच, घटनाओं को बनाता रहता है ।

1- अपने अच्छे और कमजोर बिंदुओं और क्षेत्रों का विश्लेषण करके स्वयं को सही प्रकार जानना । इसे जीवन की रचना के संदर्भ में आत्म-मूल्यांकन कहा जाता सकता है ।

2- अपनी कमियों के बिंदुओं को दूर करना और अच्छे बिंदु जोड़ना और इसे लगातार दोहराते हुए आगे बढ़ना चाहिए जिसे गलत सोच से सही सोच में परिवर्तित करना चाहिए ।

3- समयबद्ध और लक्ष्य-आधारित कार्यों के साथ अपने व्यवहार, आदतों, विचारों में सभी मजबूत बिंदुओं को जोड़ना और उनका अविष्कार करना ।

जीवन में सफलता प्राप्त करने के लिए आपको सही मार्ग चुनना होगा और सभी बुराईयों से बचना और उन को दूर करना होगा ।

1- संदेह

2- भय

3- नकारात्मक सोच ।

4- जीवन में इच्छा/उद्देश्यों/लक्ष्यों/सपनों के बारे में अनिश्चितता को दूर कर यह निश्चित करना कि आप जीवन में कब, क्या और क्यों चाहते हैं ?

5- जीवन के कार्यों में विलंब की आदत को समाप्त करें, और परिश्रम के साथ आगे बढ़े ।

6- समय का दुरूपयोग और निष्फल कार्यों में समय व्यतीत न करें । बल्कि इसके विपरीत समय का प्रयोग अपने सर्वश्रेष्ठ और उपयोगी कार्यों में लगायें ।

7- स्वार्थ के लिए नहीं जीवन व्यतीत करें बल्कि जीवन में सभी के लिए कार्य करें जो भी आप के साथ जुड़े है ।

8- लालच को छोड़ें और जो ईश्वर द्वारा आपको प्राप्त होता है उसमें संतुष्ट हों ।

9- क्रोध को त्यागें क्योंकि यह जीवन में उत्पात पैदा करता है ।

10- घृणा और ईर्ष्या को त्यागें जो जीवन में नकारात्मक घटनाओं का कारण है इसलिए प्रेम और प्रशंसा और दूसरों का पसंद करने से जीवन में सकारात्मक भाग्य का उदय होता है ।

11- ऐसे कार्यों का त्याग करें जिससे मानसिक तनाव होता है ।

12- स्वार्थी उद्देश्यों के लिए वासना और शक्ति का प्रयोग करना जीवन में बुरी घटनाओं को जन्म देता है।

13- स्वयं से और दूसरों के लिए बुरा या अप्रिय बोलना या सोचना, जीवन में नकारात्मक घटनाओं का कारण है।

14- जमीन पर कार्य करने में, उद्देश्य, प्रदर्शन, कार्रवाई करने के लिए उत्सुकता की कमी से जीवन नष्ट होने की दिशा में जाता है, इससे बचें।

15- अकेलेपन से बचें क्योंकि यह आपको जीवन के नकारात्मक विचारों की ओरे ले जाता है।

16- दूसरों के बारे में गपशप या बुरा कहना बंद करो, यह नकारात्मक घटनाओं का जन्म देता है।

17- अत्याचार, हिंसा, झगड़े इत्यादि से बचें क्योंकि यह जीवन में विभिन्न प्रकार की घटनाओं को जन्म देता है और जीवन में दुखः और कष्टों का कारण है।

18- असत्य बोलना छोड़ें और जीवन में सत्य बोलने का प्रयोग करें जो किसी का दुःख का कारण न हो।

19- किसी प्राणी या पशु, जीव –जंतु, को मारना या परेशान करना जीवन में नकारत्मक सोच और कार्यों का कारण है।

20- शाकाहारी भोजन करने से अच्छे विचारों का उदय होता है।

21- दान करना, दूसरों की सेवा करना, अपने बिज़नेस लाभ का कुछ प्रतिशत सेवा के कार्य में लगायें, दस प्रतिशत अपनी आय का देने से ईश्वर भाग्य उदय करता है।

यदि नौकरी में है तो, हर माह या तिमाही कुछ प्रतिशत वेतन का अवश्य ही दें मंदिर ट्रस्ट में या जिनको इसकी आवश्यकता हो। यह सबसे बड़ी भेंट होगी जिससे ईश्वर प्रसन्न होता है और आपको प्रसन्न करता है कुछ आकर्षक घटना से।

मैंने पहले ही अध्याय 5 में कुछ स्वस्तिक मन्त्र जिसकी पुष्टिओं का उल्लेख किया है, लेकिन मैं एक बार फिर यहाँ लिख रहा हूँ;

1. ईश्वरीय प्रेम मन, शरीर और कार्यों की स्थिति की हर त्रुटि को भंग और नष्ट कर देता है। ईश्वरीय प्रेम ब्रह्मांड का सबसे शक्तिशाली रसायन है जो हर उस चीज को घोल देता है जो स्वयं का नहीं है।

2. मैं अपने अवचेतन मन के हर असत्य रिकॉर्ड को (अपने बोले गए शब्दों से) तोड़ता और नष्ट करता हूं। वे अपने मूल शून्य के मिट्टी के ढेर में लौट जायेंगे, क्योंकि वे मेरे व्यर्थ कर्मों से आए हैं। अब मैं स्वास्थ्य, धन, प्रेम और पूर्ण आत्म-अभिव्यक्ति के अपने संपूर्ण रिकॉर्ड बनाता हूं।

3. 'मैं जैसा हूं वैसा ही स्वयं से प्रेम करता हूं और मैं हर किसी से वैसे ही प्रेम करता हूं जैसे वे हैं।'

4. 'प्रकाश और आनंद के भगवान हमें समृद्धि प्रदान करें। आकाश की मार्गदर्शक भावना और धन की देवी हमें समृद्धि प्रदान करें। आराध्य और देदीप्यमान भगवान हमें आशीर्वाद दें। हे! अजेय परिपूर्णता की आत्मा, आप हम सभी को समृद्धि प्रदान करें।' Reg Ved 5. 51 14

5. असतो माँ साद गमय
   तमसो माँ ज्योतिर गमय
   मृत्योर माँ अमृतं गमय
   सर्वेषाम स्वस्तिर भवतु
   सर्वेषाम शन्तिर भवतु
   सर्वेषाम मंगलम भवतु
   सर्वेषाम पूर्णम भवतु
   लोकः समस्ताः सुखिनो भवन्तु

6. ॐ त्र्यम्बकं याजा माहे
   सुगंधिम पुष्टिवर्धनम
   उर्वा रुकमीवा बन्धनं
   मृत्योर मुक्षीय माँ अमृतत

7. ॐ द्युवा शन्तिर
   अन्तरिक्षं शांतिः
   पृथ्वी शन्तिर
   अपह शन्तिर
   ओषधयः शांतिः
   वनस्पतयः शन्तिर
   विश्वे देवः शांतिः
   ब्रम्ह शांतिः
   सर्व शांतिः
   शन्तिर ईवा शांतिः
   सा माँ शन्तिर एधि

8. सुभम करोति कल्याणम
   आरोग्यम धन सम्पदः
   सत्रु बुद्धिर विनासाया

दीपा ज्योतिर नमो श्स्तुते

9. ॐ सर्वे भवन्तु सुखिनः।
सर्वे सन्तु निरामयाः।
सर्वे भद्राणि पश्यन्तु।
माँ कश्चित् दुःख भाग्भवेत्।।
ॐ शान्तिः शान्तिः शान्ति।।

सम्पूर्ण प्रातः स्मरण, जो कि दैनिक उपासना से उद्धृत है, आप सभी इसे अपने जीवन में उतारें एवं अपने अनुजों को भी इस से अवगत कराएं।

कराग्रे वसते लक्ष्मीरू, करमध्ये सरस्वती।
कर मूले तु गोविन्दरू, प्रभाते करदर्शनम्।।१।।
समुद्रवसने देवि ! पर्वतस्तनमंडले।
विष्णुपत्नि! नमस्तुभ्यं पादस्पर्शं क्षमस्वे।।२।।

ब्रह्मा मुरारीस्त्रिपुरांतकारी
भानुरू शाशी भूमिसुतो बुधश्च।
गुरुश्च शुक्ररू शनि-राहु-केतवः
कुर्वन्तु सर्वे मम सुप्रभातम्।।३।।

सनत्कुमाररू सनकरू सन्दनरू
सनात्नोप्योसुरिपिंलग्लौ च।
सप्त स्वरारू सप्त रसातलनि
कुर्वन्तु सर्वे मम सुप्रभातम्।।४।।

सप्तार्णवारू सप्त कुलाचलाश्च
सप्तर्षयो द्वीपवनानि सप्त
कुर्वन्तु सर्वे मम सुप्रभातम्।।५।।

पृथ्वी सगंधा सरसास्तापथापरू
स्पर्शी च वायु ज्वर्लनम च तेजरू नभरू सशब्दम महता सहैव
कुर्वन्तु सर्वे मम सुप्रभातम्।।६।।

प्रातः स्मरणमेतद यो

विदित्त्योदरतरू पठेत्।
स सम्यग धर्मनिष्ठरू स्यात्
संस्मृतोअखंड भारतरू।।७।।

भावार्थः

हाथ के अग्र भाग में लक्ष्मी, मध्य में सरस्वती तथा मूल में गोविन्द (परमात्मा) का वास होता है। प्रातः काल में (पुरुषार्थ के प्रतीक) हाथों का दर्शन करें।।१।।

समुद्ररूपी वस्त्रोंवाली, पर्वतरूपी स्तनवाली और विष्णु भगवान की पत्नी हे पृथ्वी देवी ! तुम्हें नमस्कार करता हूँ ! तुम्हें मेरे पैरों का स्पर्श होता है इसलिए क्षमायाचना करता हूँ।।२।।

संकट में:

'दिव्य, कृपया अब आदेश दें?'

'दिन-प्रतिदिन, हर तरह से मैं बेहतर और बेहतर होता जा रहा हूं।'

'हे मेरे भीतर विराजमान ईश्वर! आपकी कृपा से, मैं स्वस्थ हूं, मैं अच्छी तरह से हूं।'

'मेरे भीतर जीवन जो परिपूर्ण है, आगे आओ और मेरे माध्यम से व्यक्त करो।'

(कृपया 'जीवन' शब्द को 'प्रेम', 'खुशी', 'सफलता' और 'शांति' से बदलें।

'शांति रहें, मेरा मन भगवान की प्रेरणा के लिए शांत और ग्रहणशील है, वह मेरा मार्गदर्शन करता है और मुझे निर्देशित करता है।'

'भगवान की इच्छा का यह दिन होगा, जो आज पूरा होने का दिन है। मैं इस सही दिन के लिए भगवान आपको धन्यवाद देता हूं। आज चमत्कार के बाद चमत्कार होने है और यह अनेक चमत्कार आज कभी भी नहीं रुकेंगे' (अद्भुत और चमत्कारी दिन बनाने कि लिए पढ़ें।)

'शांति रहे, मेरा मन भगवान की प्रेरणा के लिए शांत और ग्रहणशील है, वह मेरा मार्गदर्शन करता है और मुझे निर्देशित करता है।'

गंभीर बीमारी के लिए;

'मैं ईश्वर के प्रेम में आराम करता हूं और क्योंकि ईश्वर मुझको प्रेम करता है और मेरे भीतर के ईश्वरीय शक्ति मेरे मन मस्तिष्क और शरीर के हर अंग में प्रवाहित है। इसलिए मैं अब स्वस्थ हो गया हूं। धन्यवाद।'

'शांति शांत मैं हो, मेरा शरीर शिथिल है, मेरा मन शांत है, मैं

नवीनीकृत, शक्तिशाली और स्वस्थ हूँ। धन्यवाद।'

'शांति शांत मैं हो, मेरा मन शांत है और ईश्वर की प्रेरणा के प्रति ग्रहणशील है, वह मेरा मार्गदर्शन करता है और मुझे निर्देशित करता है।'

'शांति शांत मैं हो, मैं भगवान की संपत्ति का उत्तराधिकारी हूं, मेरे पास उपयोग करने और साझा करने के लिए बहुत कुछ है। धन्यवाद'

अध्याय 8
सर्वोत्तम परिणाम प्राप्त करने के लिए अपने सपनों और लक्ष्य पर कैसे कार्य करें ?

आपके जीवन में सपनों और लक्ष्यों के विषय में आपके मन मस्तिष्क में अनेकों प्रश्न होंगे जिससे कि आप भ्रमित होते हैं और आप यह निश्चित नहीं कर पाते आप निकट के भविष्य में क्या चाहते हैं ? यह भी आपने देखा होगा, आपके बहुत से मित्र, निकट के सम्बन्धी और प्रिय लोग आपको कुछ न कुछ करने के लिए प्रेरित करते रहते हैं। आप क्या चाहते हैं उस पर ध्यान केंद्रित नहीं कर पा रहे होते हैं। यह वह समय है जब आपको अपने मन मस्तिष्क में क्या सोच है यह ज्ञात करना आवश्यक हो जाता है। इसलिए आपको यह बात का पता लगाने के लिए अपने भीतर 'प्रश्न' की अपनी शक्ति का उपयोग करना चाहिए।

आप यह अभ्यास कैसे कर सकते हैं और यह अत्यन्त सरल है? भीतर की शक्ति को समझने के लिए आपको अपने मन को शांत करना होगा। मन शांत उस समय होता जब विचारों से आप एकाग्र हो और जब भी आप पूर्णतः मौन में अकेले हों। इसके साथ आपको अपने आप से लगातार स्वयं से प्रश्न और वार्तालाप करना होगा। आप एक निश्चित समय में प्रतिदिन कुछ मिनट या घंटे मौन रहने का अभ्यास करें। इसमें से कुछ समय आप प्राणायाम और ध्यान में रहें। जब मन में शांति और एकाग्रता का प्रवाह होता है इस समय आप अपनी अंदरुनि शक्ति का प्रयोग बाहरी जीवन में सही प्रकार से कर सकते हैं।

अब आप, इसके लिए एक कागज के एक टुकड़े पर एक प्रश्न लिखें और स्वयं से उसका उत्तर पूछना चाहिए। आपके सभी प्रश्न आपके जीवन के लिए हों और वह यह दर्शाते हों कि आप जीवन में क्या, क्यों और कब चाहते हैं ? इसका अभ्यास कम से कुछ दिन तक करें। जब आप इस प्रक्रिया से गुजर रहे हों, तो गतिविधि पर नज़र रखें और इसके उत्तर को बारीकी से देखें। आपके भीतर का सर्वशक्तिमान अपने उत्तर को कई तरह से निर्देशित करेगा। वह आपको सपने में संदेश दे सकता है; एक संदेश किसी ऐसे व्यक्ति द्वारा दिया जा सकता है जो ज्ञात या अज्ञात हो सकता है। आपको उचित उत्तर मिल सकता है जो आपको संतुष्ट करेगा। फिर, आप उस दिशा में आगे बढ़ सकते हैं और इसके लिए जा सकते हैं।

अपनी मन की पूर्व कि प्रवृति बदलेंः

अपने मन की पूर्व-निर्धारित धारणाएँ से सही धारणा की ओर ले जाएँ। यदि आपको अपने सपनों को सच करना है तो मेरे दोस्त आपको इन वर्तमान और अतीत की बुरी आदतों को छोड़ना होगा जो आपको

अपने लक्ष्य तक पहुंचने से रोकती हैं।

नकारात्मक विचारों और कथन के विषय वार्तालाप करना और सोचना शीघ्र ही बंद करें।

सोच विचार के कार्य करें। कभी भी बिना सोचा हुऐ कार्य न करें, और बिना पूरी बात सुने हुए कभी भी उत्तर न दें और प्रतिक्रिया न करें। जब आप इसे ठीक से सुन लें तो प्रतिक्रिया दें और जब आवश्यक हो तो टिप्पणी करें।

जब आप जीवन में विशिष्ट गतिविधियाँ करते हैं, तो बीच-बीच में कभी हार न मानें और तब तक प्रयास करते रहें जब तक आप लक्ष्य के करीब न पहुँच जाएँ, या दृढ़ता से प्राप्त न कर लें।

अहंकारी कभी न बनें और कभी भी व्यक्तिगत लाभ के लिए दूसरों को अपने स्तर से गिराने का प्रयास न करें और अपने अहंकार को त्याग दें।

व्यर्थ में समय नष्ट करने की पृवत्ति को त्याग दें, और आपको उस पर कार्य करना चाहिए जो आप करना चाहते हैं। इसे अभी करें, क्योंकि आपको अपने जीवन में बाद में समय नहीं मिलेगा।

स्वयं से बात करें, और स्वयं से कुछ प्रश्न पूछें;

'अगले बारह महीनों में आपका क्या सपना है? इसके बारे में सोचें और मेरे भविष्य के सपने को साकार करने के लिए योजना बनाएं और उस पर अमल करें?'

'आप यह महीने कार्य योजना कैसे शुरू करना चाहते हैं? इस दिशा में कार्य योजना तैयार करें।'

'आज के दिन आप क्या चाहते हैं विचार करें और स्वयं को बताएं।'

'इस कार्रवाई के लिए स्वयं को तैयार करने के लिए आप अगले सप्ताह तक क्या कर सकते हैं?'

'सपने की पूर्ति की दिशा में शुरू करने के लिए मैं अभी, आज की कार्य योजना क्या कर सकता हूँ? कृपया इस पर अपने दृष्टि रखें और देखें कि यह कैसे प्रदर्शित होती है।'

इच्छाओं को प्रकट करने के लिए कुछ सरल छोटे चरण;

1. वह सभी सोचना बंद करें जो आप नहीं चाहते हैं।

2. आप जो चाहते हैं उसे चुनें।

3. सभी नकारात्मक या सीमित दृष्टिकोण को पूरा विस्तृत लिखें।

4. अनुभव करें कि आप जो चाहते हैं, यह न सोचें कि यह कैसे होगा या कहाँ से आएगा और कैसा होगा।

5. जैसे ही आप अपने सहज आवेगों पर कार्य करते हैं, वैसे ही आप को परिणामों को प्रकट होने दें और उस पर कार्य करें।

अपने जीवन के उद्देश्य को जानें:

अपने जीवन के उद्देश्य को जानें, आकांक्षाओं प्रकट करें और दिखाएं और इसके बाद स्वयं से कहें। अपने आस-पास के लोगों को को भी प्रदर्शित करें जिसे आप प्राप्त करना चहिये। जब आप सर्वशक्तिमान ईश्वर से अपनी इच्छाएं शब्दों या मंत्रों द्वारा कहते हैं जो आप चाहते हैं या अपने सपनों को चित्रित करने वाले चित्रों में देखते हैं या अपने लिखित वाक्यों या स्वनिर्मित - सुझावों से वर्णन करते हैं, तो सर्वशक्तिमान वह सब कुछ व्यवस्थित करने देता है जिसकी आप इच्छा करते हैं। इस प्रकार आप अपने लक्ष्य तक पहुँचने में सफल हो सकते हैं जब आप प्रकृति के नियमों के अनुसार चलते हैं।

1. अपनी इच्छा या सपने को जानें।

2. अपनी इच्छा या सपने के लिए स्वयं से पूछें।

3. अपनी इच्छा या सपने की कल्पना करें जैसे कि वह पहले से ही आपके मार्ग में आता दिखता है या इच्छा प्रकट होते दिखता है।

4. अपनी इच्छा या सपने के प्रति कार्य करें।

5. सर्वशक्तिमान का धन्यवाद करें जैसे कि आप इसे अनुभव करते हैं।

हर दिन के लिए कुछ मिनटों के लिए ठीक वही कल्पना करें जो आप चाहते हैं। मान लें कि आप किसी चयनित स्थान पर जाना चाहते हैं, फिर उस तिथि की योजना बनाएं जहां आप जाना चाहते हैं। फिर एक चित्र में चयनित स्थान को देखें, प्रतिदिन कुछ मिनट के लिए इसकी कल्पना करें, आप शीघ्र ही एक यात्रा का अवलोकन करेंगे। आपका मस्तिष्क इस ओर कार्य करना आरम्भ करना देता हैं।

अपने आप को चित्र में रखें, विस्तार और भावना के साथ आप जिस स्थान पर जाना चाहते हैं, उसके बारे में आपके पास एक स्पष्ट दृश्य हो। यदि आप चित्र में स्वयं की कल्पना नहीं करते हैं, तो सर्वशक्तिमान आपकी इच्छा प्रकट नहीं कर सकता है जो आपके द्वारा अपेक्षित प्रारूप में नहीं है। इस प्रकार सर्वशक्तिमान आपको उस दिशा तक ले जाएंगे जब आपके मन में एक स्पष्ट विचार हो, उस स्थान का चित्र मस्तिष्क में अंकित हो जिधर जाना है और निश्चित समय तय हो। यह वैसा ही है जैसे आप एक यात्रा की योजना बनाते हैं, तो आप एक सूटकेस में

यात्रा के लिए चयनित कपड़ों के साथ तैयार होना होता है और आपकी यात्रा कितने दिनों कि होगी? कितने वस्त्र ले जाने हैं और क्या – क्या ले जाना हैं और किस दिन क्या वस्त्र पहनना हैं ? यह सभी प्रक्रिया आपके मस्तिष्क को आपके सपनों की दिशा से प्रभावित करेगी। यह भी महत्वपूर्ण है कि आप क्या पहन रहे हैं? यदि आप अपने जीवनसाथी या किसी और के साथ जा रहे हैं, तो आप विवरण जोड़ सकते हैं। जीवन कि यात्रा के लिए मस्तिष्क में प्रश्नों का महत्व बहुत अधिक है।

कुछ अन्य कदम;

1. अपने जीवन का प्रभार स्वयं लें।

2. अलग प्रकार की कार्य शैली से अपने कार्यों को प्रदर्शित करें।

3. अभी जो आपके पास है उसी में प्रसन्न रहें और स्वयं को कोसें नहीं।

4. आगामी जीवन के बारे में सोचना शुरू करें, भले ही आपके पास कुछ भी न हो।

5. जब आप जीवन में कुछ अद्भुत बनना या देखना चाहते हैं तो इस बारे में सोचें तो इस में सफलता अवश्य ही मिलेगी।

6. अपने मस्तिष्क में सभी बुरे रिकॉर्ड मिटा दें और नए अच्छे विचारों के लिए मस्तिष्क में प्रवेश करने के लिए जगह बनाएं।

7. याद रखें, चाहे आप किसी भी उम्र के हों, जीवन में कभी देर नहीं होती, आप एक नयी सोच के साथ जीवन आरम्भ कर सकते हैं।

8. अपने जीवन और समय से डरो मत जो शाश्वत है।

9. हमेशा सुनिश्चित करें कि आपे जो ईश्वर से मांगते हैं वह जीवन में आपके पास आता है।

10. याद रहे, जो आप दूसरों को देते हो तो उसी प्रकार आप के पास वापस आता है अच्छा या बुरा क्योंकि ईश्वर मनुष्य की इच्छा को 'तथास्तु' करके उसी प्रकार वापस देते हैं।

11. सर्वशक्तिमान ईश्वर की देने वालों की शक्ति में विश्वास करो। वह जो कुछ भी देता है, उसे हाथ जोड़कर स्वीकार करें।

12. देने की शक्ति में विश्वास करो, क्योंकि देना प्राप्त करना है। देने की शक्ति निस्वार्थ कार्य से आती है क्योंकि जब आप किसी को देते हैं तो आप अपने मन से देते हैं। इसके पीछे किसी विशेष आयोजन या छुट्टी या उत्सव को देने की ऐसी क्रिया का प्रयोग न करें। कभी न दें यह सोचते हुए कि इसके बदले कुछ पाना हैं और यह विचार नहीं करना चाहिए।

जब आप ऐसा करते हैं, तो सर्वशक्तिमान की प्रतिक्रिया आश्चर्यजनक होगी, और ईश्वर आप की झोली भर देता है।

प्रशंसा की शक्ति;

जब आप सुबह उठते हैं, तो नीचे दिए गए बिस्तर पर अच्छे दिन के लिए प्रार्थना करके नए दिन की सराहना करें और शुरू करें;

'यह वह दिन है जिसे परमेश्वर ने बनाया है, हम उसमें आनंदित और प्रसन्न होंगे, धन्यवाद।'

'आज के अच्छे दिन के लिए जो आपने मुझे दिया है, मैं आपको हृदय से प्रणाम करता हूँ। धन्यवाद प्रभु!' (तीन बार पढ़ें)

यह स्वनिर्मित स्वस्ति वाचक कथन या वाक्य, आपका दिन अति उत्तम बना देगा बिना कुछ किये हुए। यह दिन एक चमत्कारी दिन हो सकता है।

जब आप इस प्रकार का कार्य करते हैं जैसे कि किसी दूसरे पर सकारात्मक प्रभाव पड़े या अपनी उदारता साझा करें या एक दयालु कार्य करें, इससे जीवन में बदलाव आएगा। यह एक नई पहल है, एक ऐसा दिन जो फिर कभी नहीं होगा।

दिन के समय, काम करते समय और अंतराल में, आप अपने आसपास के लोगों को अपने कार्य स्थल में या अपने कार्यालय से बाहर होने पर प्रसन्न करने के लिए कुछ समय निकाल सकते हैं। आप दूसरों के द्वारा किए गए छोटे-छोटे कार्यों के लिए प्रोत्साहित और प्रसन्नता और आभार अभिव्यक्त करें। यह करने से वह सभी व्यक्ति प्रसन्न होंगे। यह कार्य आप दोपहर के भोजन के समय कर सकते हैं, यह अगला अभ्यास करने का एक अच्छा समय है। उस दिन से पहले दूसरों में कोई चीज़ या गुण खोजें, जिससे आप उनकी प्रशंसा कर सकें। आपके अच्छे भाग्य का उदय आपके कार्य स्थल पर होना आरम्भ हो जाता है, उस अभ्यास से शुरू होता है जो आपको अच्छे परिणाम और पहचान दे सकता है।

अपना दिन समाप्त करते समय, संध्याकाल को, काम से घर जाते समय, उन लोगों की सराहना करने के लिए कुछ क्षण निकालें जिनके साथ आप रहते और पसंद करते हैं। यह आपको अपने जीवन में उनकी उपस्थिति का आनंद लेने के साथ-साथ अपने जीवन में अधिक सकारात्मक लोगों को आकर्षित करने की अनुमति देगा। कृपया इस अभ्यास को हर दिन एक अलग व्यक्ति के साथ दोहराने की कोशिश करें।

रात में जब आप बिस्तर पर जाते हैं, तो दिन के दौरान हुई सभी अद्भुत गतिविधियों की प्रशंसा करें। छोटी-छोटी चीजों की प्रशंसा करने की कोशिश करें और न केवल बड़ी चीजों की, दिन के दौरान हुई

सभी चीजों की प्रशंसा करें। कभी-कभी आप महसूस कर सकते हैं कि आपका दिन बहुत अच्छा था और आप कभी-कभी यह एक बुरा दिन भी हो सकता है।

कोई दिन बुरा नहीं होता, बस एक बुरी मनुष्य की मानसिकता होती है जो इस तरह की चीजों को देखती है। यदि आपको अभी भी लगता है कि आपका वास्तव में एक बुरा दिन था, तो आपको यह महसूस करना चाहिए कि आप उस दिन की इस बुरी घटना को पार करने के लिए पर्याप्त भाग्यशाली हैं और आप इससे बच गए। अब आपको सर्वशक्तिमान का धन्यवाद करना चाहिए कि आपने उनकी कृपा से इसे अच्छी तरह से बचा लिया और ईश्वर का धन्यवाद देना चाहिए।

मैंने अपने जीवन में व्यक्तिगत रूप से ऐसी घटना देखी है जहाँ मैं एक गंभीर दुर्घटना में मृत्यु से बच गया था जिसमें समाचार पत्रों में मौतों की सूचना दी गई थी लेकिन मैं बच गया। मेरे जीवन में ऐसी कई घटनाएँ हुईं जहाँ मैंने मृत्यु को देखा, जबकि साँप ने मुझे काटा है, मृत्यु शय्या पर रहते हुए कई बार बच गया। यह सर्वशक्तिमान की शक्ति थी और जब आप अपने आस-पास के लोगों की एक सुनहरी श्रृंखला के माध्यम से लगातार उसके साथ जुड़े होते हैं जो सहायक होते हैं, तो वे हमेशा आपके जीवन के लिए कार्य करते हैं।

दोपहर के भोजन या रात के खाने में आपके द्वारा परोसे गए भोजन की भी सराहना करें, खाने से पहले प्रार्थना करें। सात्विक, शाकाहारी, फल और सब्जियां, दूध, दही, ताजा जूस खाएं और पिएं। शाकाहारी भोजन आपको मन की शांति, समृद्धि और आंतरिक व्यक्तिगत शक्तियों के लिए काम करने के लिए एक बेहतर विचार देगा। मांसाहारी भोजन को वैदिक साहित्य में तामसिक कहा गया है, यह वासना, शक्ति, भौतिकवादी जीवन के सभी विलासिता को जन्म देता है। यह आपको प्रासंगिक विचार देगा जो जीवन में आपके हित में नहीं हो सकता है।

बहुत से युवा मेरे कार्यक्रम 'अपने भविष्य का दीपक उजागर करें' "ENLIGHTEN THE LAMP OF YOUR FORTUNE " के साथ काम करते हैं और उन्होंने न केवल अपने निजी जीवन में सुधार किया है बल्कि अपने लक्ष्यों को प्राप्त किया है। जानें कि वे जो चाहते हैं उस पर ध्यान केंद्रित करने के लिए अपने मस्तिष्क को कैसे प्रशिक्षित करें और इस प्रक्रिया में, अपने अवचेतन मन को अपने इच्छित जीवन का निर्माण करने के लिए निर्देशित करें। जब आप इसे व्यवस्थित रूप से शुरू करते हैं तो आप निश्चित रूप से शुरू में निर्धारित समय के अनुसार इसे जीवन में जल्द या बाद में अनुभव करेंगे।

धारणा आपके लिए जीवन में कैसे काम करता है?

जिस समय आप किसी वस्तु-विशेष या विचार पर ध्यान केंद्रित करते हैं उस समय ध्यान का प्रभाव मस्तिष्क में प्रवाहित होता है और आप यह निश्चित करते हैं कि आपके लिए क्या महत्वपूर्ण है ? आप समझने लगते हैं अभी उस विशेष लक्ष्य को क्यों न प्राप्त करूँ ? जब यह विचार आपके अवचेतन मन में प्रवेश करता है, तो यह धारणा संकल्प में परिवर्तित हो जाती है। इस प्रकार आप अपने लक्ष्यों को प्राप्त करने और सफलता का आनंद लेने की सही दिशा में आगे बढ़ना प्रारम्भ कर देते हैं। आप की जैसी धारणा होती है अच्छी या बुरी उसी प्रकार की दिशा में जीवन परिवर्तित होने लगता है।

इस समय, आपके जीवन को अपने लक्ष्य की ओर आकार देने की प्रक्रिया में जीवन तराशने के लिए नई रचनात्मकता से आप अवचेतन मन को विभिन्न विधियों से निर्देशित करने की क्षमता का प्रयोग कर जीवन के लक्ष्य की प्राप्ति करते हैं। लेकिन आपके मन मस्तिष्क को एक सकारात्मक संकेत देना आवश्यक है कि आपकी धारणा क्या है? अधिकतर व्यक्तियों की धारणा अच्छी होती है परन्तु वह नहीं जानते कि अपने जीवन में सकारात्मक प्रयोग और अच्छी धारणा का उपयोग जीवन मैं कैसे करें, हालांकि, कुछ इसे ठीक से करते हैं।

रात्रि में शीघ्र सोना और प्रातःकाल शीघ्र नींद से जगना चाहिए

यदि आप जल्दी सोते हैं और जल्दी उठते हैं तो आप अपने काम को प्रभावी ढंग से करने के लिए पर्याप्त समय निकाल सकते हैं। सुबह के घंटों में यदि आप पिछली रात में निर्धारित उचित योजना के साथ दिन की शुरुआत करते हैं, तो आपका दिन बेहतर होगा यदि आपके इरादे और विचार सही दिशा में हैं, लेकिन यदि नहीं, तो आप दुर्भाग्य पूर्ण घटनाओं के साथ अपना दिन खराब कर सकते हैं। ऐसी कई चीजें हैं जिन्हें आप दिन की शुरुआत में शुरू कर सकते हैं जिन्हें अध्याय में बिंदुओं में विस्तार से बताया गया है।

अपनी प्राथमिकताओं का चयन करें, निर्णय लें और लिखें

अपनी प्राथमिकताओं को चुना जाना चाहिए जो आपके लक्ष्यों या इच्छाओं को प्राप्त करने में आपके लिए कार्य करते हैं, हालांकि, जिसे आपके जीवन के विभिन्न क्षेत्रों में चुना जा सकता है। आपके कई सपने हो सकते हैं और आपको जीवन में इसके महत्व के अनुसार उन्हें प्राथमिकता देनी चाहिए। वस्तुतः एक व्यक्ति की प्राथमिक आवश्यकताएं भोजन, आश्रय, अच्छा स्वास्थ्य और शांतिपूर्ण जीवन ही है। सभी इच्छाओं में सबसे महत्वपूर्ण जीवन का एक अच्छा कार्य प्रणाली को चुनना और बनाना होगा और फिर आपका पारिवारिक और सामाजिक जीवन को भी

जोड़ना होगा। जीवन के अन्य क्षेत्र जो आनंद, यात्रा, मित्र आदि से हो सकते हैं, लेकिन जीवन का एक महत्वपूर्ण हिस्सा मानवता की सेवा है और अपने स्वभाव और आध्यात्मिक जीवन को जानना है। इस जीवन के उद्देश्य का पता लगाने के लिए कि आप का जन्म हुआ है और साथ ही पूर्व के कर्मों को भोगना भी इसी जन्म में करना होता है। जीवन का एक अन्य पहलू उन व्यक्तियों के लिए आपके कर्तव्यों का पालन करना है जिन्हें आप सीधे पसंद करते हैं, जैसे कि पत्नी, पिता, माता और आपके निकट के सम्बन्धी और प्रिय, और इसके साथ आपका कर्तव्य उनके प्रति जिसमें एक समाज और राष्ट्र से आप संबंधित हैं। गरीबों, जरूरतमंद, विकलांगों और उनके लिए धर्मार्थ कार्य करने वाली संस्थाओं को अपनी सेवा देने पर उचित ध्यान दिए बिना जीवन चक्र सफल नहीं हो सकता। अंत में, मुझे यह जोड़ना होगा कि आपके सामने कई विकल्प हैं, इसलिए उन्हें प्राथमिकता के आधार पर पहले चयन करें और इसके लिए कार्य करें। इसलिए, अब प्राथमिकताओं की सूची लिखकर उस पर ध्यान केंद्रित करें।

जीवन में सभी अपेक्षाओं और अनुलग्नकों (लगाव) को अनदेखा करें

अपने जीवन में प्रत्येक आने वाली घटना को उसी प्रकार लें, किस प्रकार वह जीवन में प्रवेश करती है और उन्हें सामान्य रूप से शांति से प्राप्त करें। यदि वह अच्छा है, तो सामान्य रहें, और यदि बुरी है तो आपको उसे सामान्य भावना से देखना चाहिए और कोई निराशा नहीं होनी चाहिए।

लेकिन जब आप परिणाम या अपेक्षा पर उनके प्रति झुकाव रखते हैं, तो आप अपने पर दबाव बनाते हैं और इससे तनाव पूर्ण, नकारात्मक ऊर्जा बन जाती है जो आपको काम करने से रोकती है। आप इसे करने के बजाय यह सोचने लगते हैं कि यह कैसा होगा। याद रखें, आप अपने जीवन में जो कुछ भी प्राप्त कर रहे हैं, केवल आप ही उसके लिए उत्तरदायी हैं और कोई दूसरा व्यक्ति नहीं। ईश्वर भी इसके लिए उत्तरदायी नहीं है क्योंकि आप अपने पूर्व के कर्मों को व्यतीत कर रहे हैं। परन्तु आप, उसमें परिवर्तन कर सकते हैं अपने में सुधारों के माध्यम से। इसके लिए अपने शांत कायाकल्प को बनाए रखें, और कार्य आरम्भ करें, बिना किसी व्यक्ति या व्यक्तियों के प्रति ईर्ष्या या द्वेष का भाव रखे। किसी के विरुद्ध कभी भी कोई ऐसा कार्य न करें जो उसे दुःख पहुंचाये क्योंकि ऐसा करने से इसकी विपरीत प्रतिक्रिया भी जीवन में घटित होती है। जिस समय आप जो भी कार्य कर रहे हों उस समय मस्तिष्क को उसपर केंद्रित करें और सकारात्मकता से आगे बढ़ें, परिणाम के विषय में न सोचें। अच्छे कार्यों का परिणाम अच्छा ही होता है जिस प्रकार अच्छे विचारों से जीवन अच्छा घटित होता है। जब आपके जीवन में बुरा समय आता है, तो आपके लिए अपनी पिछली त्रुटियों से सीखने

का सबसे अच्छा समय होता है, और आप उस पर सुधार कर सकते हैं जिसे आपको समझना चाहिए।

अपनी राशि या वैदिक राशि के अनुसार अपने पसंदीदा रंगों और रत्नों का प्रयोग करें

यह आपके अवचेतन मन को प्रभावित करने के लिए आपके द्वारा पहने जाने वाले कपड़े के भाग्यशाली रंगों का चयन करने के विधि से और जो रत्न आप अंगूठी, आभूषण के रूप में उपयोग करते हैं और ज्योतिष या वैदिक विज्ञान के अनुसार पहनते हैं क्योंकि राशि चक्र या ज्योतिष वैदिक राशि दृष्टि में सुधार कर सकते हैं। आप पाएंगे कि बहुत सफल लोग अपनी दैनिक जीवन शैली में इन सभी चीजों का उपयोग करते हैं। यह दूसरों के लिए दिखावा नहीं है बल्कि आप अपने मस्तिष्क को प्रभावित करते हैं जो आपको जीवन के विभिन्न चरणों में एक बड़ी छलांग देता है। प्राचीन काल में महाराज और महारानी महंगे रत्न और वस्त्र पहनते थे।

अध्याय 9
वैदिक-ज्योतिष, राशि और अंक विज्ञान के साथ दैनिक जीवन में रंगों का महत्व और प्रयोग।

रंगों का महत्व एक प्रयोग है जिसे आप अपने जीवन में विधिवत रहते हुए कर सकते हैं। जब आप किसी विशेष रंग की पोशाक पहनते हैं और उसका रंग सूर्य के प्रकाश के संपर्क में आता है तो यह चमकता है और व्यक्ति को उस रंग के द्वारा ऊर्जा प्रदान करता है। इसका कुछ प्रभाव इस व्यक्तित्व पर और दिन में उसके कार्यों पर पड़ता है। जब कोई व्यक्ति इन रंगों का उपयोग व्यवस्थित प्रकार से करता है जो व्यक्ति की राशि के अंतर्गत आता है, तो यह उस दिन अद्भुत परिणाम देता है। मानव शरीर का एक महत्वपूर्ण संवेदी अंग, जो एक आंख है और कोई भी प्रकाश और उसके विभिन्न रंगों की उपस्थिति के बिना अंधेरे में या कम या लंबी दूरी पर आसपास के क्षेत्र में मौजूद कुछ भी नहीं देख सकता है। इसका मतलब है कि रंगों का प्रकाश के साथ सीधा संपर्क होता है जिसमें सात रंग होते हैं और यह अंग्रेज़ी में रंग के प्रारंभिक अक्षर से पढ़ सकते हैं, जैसे "VIBGYOR" शब्द में सभी रंगों को दर्शाता है, जिसका अर्थ है बैंगनी, इंडिगो, हरा, नीला, पीला, नारंगी और लाल।

रंग के पीछे महत्वपूर्ण अवधारणा जीवन के दो चरणों में है, काला (dark) और सफेद व्हाइट (white), और किसी व्यक्ति द्वारा दोनों में से किसी एक का चुनाव जीवन या आपके व्यक्तिगत चरित्र की विशेष घटनाओं का प्रतिनिधित्व करता है। सफेद और काले जिनका कुछ अर्थ है और इसके पीछे दूसरी अवधारणा है कि वे जीवन के रंग हैं, सफेद और काले रंग सिद्धांत के मूल के दो पहलू हैं, जहां एक रंग, सफेद सकारात्मक है और दूसरा काला नकारात्मक है। ऐसा इसलिए है क्योंकि सफेद रंग में सात रंग होते हैं और काले रंग में अपने से कुछ भी नहीं होता है। इसलिए, यदि इनमें से किसी भी रंग का उपयोग किया जाता है तो यह दैनिक जीवन में एक स्वचालित प्रभाव देगा।

रंगों में आपके मन मस्तिष्क को कई चरणों पर प्रभावित करने की शक्ति होती है जैसे, शीघ्र निर्णय लेना, अपने रंग के प्रति दूसरों का आकर्षण, दूसरों के रंग से स्वयं का आकर्षित होना और पसंद करना और खुशी और भाग्य के अन्य उदाहरण हैं। जब सप्ताह के अवधि और दिनों के साथ रंगों का उपयोग किया जाता है तो यह स्वयं को सकारात्मक सोच में सहायता कर कुछ आकर्षक घटना में परिवर्तित हो सकता है (यदि रंगों का चयन सही प्रकार से दिन, समय और राशि को ध्यान में रखते हुए किया जाता है)। यह आपके दृश्य संचार को तेज करता है। प्रकृति ने

मानव जाति को विशेषकर सात रंग प्रदान किए हैं जब आप एक प्रिज्म से गुजरने के लिए इंद्रधनुष या प्रत्यक्ष सूर्य के प्रकाश को देखते हैं, तो रंग प्रभाव को आंखों से देखा जा सकता है।

रंग ग्रह पर पैदा हुए सभी पशु के मनुष्यों के लिए बाहरी भौतिकवादी दुनिया के प्रदर्शन का माध्यम हैं। प्रकृति का परिवेश रंगों से भरा है और वे पसंद के संदर्भ में मनुष्यों के लिए कुछ सबक प्रस्तुत करते हैं। प्रकृति में पाया जाने वाला प्रत्येक रंग किसी न किसी गुण का प्रतिनिधित्व करता है, जैसे नीला रंग दर्शाता है, समुद्र, नदियाँ, आकाश, अंतरिक्ष और ये सभी शीतलता, दौड़, अजेय, गीला, संघर्ष और अस्तित्व की गुणवत्ता का प्रतिनिधित्व करते हैं।

वैदिक-ज्योतिष

वैदिक-ज्योतिष के अनुसार ज्योतिष रत्नों और क्रिस्टलों के महत्व का वर्णन करता है जिसमें अपार उपचार शक्ति होती है और जो व्यक्ति इसे शरीर के किसी भी हिस्से में अंगूठी में पहनता है और जब वह शरीर को छूता है तो उसके लिए समृद्धि के लिए सहायक होता है। प्राचीन काल में महाराजा, महारानी और राज्य प्रतिनिधि ने राज्यों की व्यक्तिगत और समृद्धि के लिए आभूषणों में ऐसे सुंदर पत्थरों का इस्तेमाल किया था। रत्न और क्रिस्टल जैसे हीरा, नीलम, पीला-नीलम, ओपल, गार्नेट, नीलम, रूबी, री-कोरल आदि प्राकृतिक रंग पाए जाते हैं। इन पत्थरों का उपयोग जन्म-समय, ग्रहों की स्थिति की तिथि और स्थिति और विशिष्ट राशि के साथ पैदा होने की समय अवधि के आधार पर बनाई गई व्यक्तिगत जन्म-चार्ट के अनुसार किया जाता है। ये पत्थर ब्रह्मांडीय ऊर्जा प्रवाहित करते हैं जब वे शरीर के संपर्क में होते हैं और किसी विशेष राशि के जन्म-चिह्न के अनुसार किसी के द्वारा पहनते हैं। शरीर पर शासन करने वाले किसी भी व्यक्ति की जन्म कुंडली में शासक या लग्न सबसे महत्वपूर्ण भाव होता है। किसी भी व्यक्ति की कुंडली में मकानों की समय अवधि के साथ विशिष्ट जन्म-कुंडली व्यक्ति की अच्छी या बुरी स्थिति निश्चित करेगी और अच्छे परिणाम के लिए रत्न-पत्थर निर्धारित किए जाते हैं। यह एक प्राचीन ज्योतिष और वैदिक विज्ञान है।

अध्याय 10
वैदिक रत्नों की ज्योतिषीय अवधारणा

ज्योतिष वैदिक ज्योतिष के अनुसार रत्न व्यक्ति के जीवन पर अपना प्रभाव डालते हैं। ये मुख्य रूप से नौ ग्रहों से संबंधित नौ रत्न हैं और प्रत्येक रत्न अलग-अलग ग्रहों का प्रतिनिधित्व करता है। प्राचीन वैदिक साहित्य के अनुसार नौ ग्रह (आकाशीय प्रभाव) की पारंपरिक आवृत्ति है।

अलग-अलग ग्रहों का प्रतिनिधित्व करने वाले प्रत्येक रत्न का विवरण नीचे दिया गया है;

1) सूर्य *SUN*

ज्योतिष में ग्रह की शक्ति को मजबूत करने के लिए कोई रूबी पहन सकता है और उसका उपयोग कर सकता है (दूसरा विकल्प रोडोलाइट गार्नेट और रेड स्पिनल है)

लाभः यह प्रसिद्धि, सम्मान, प्रमुखता देता है और आत्मबल और दिव्य शक्ति को बढ़ाता है।

2) चंद्रमा *MOON*

चंद्रमा का सूर्य के रूप में स्वयं से सीधा संबंध है। यह भावनाओं का प्रतीक है, उच्च अंतर्ज्ञान और मातृ आकृतियों से संबंधित है।

ज्योतिष चार्ट के अनुसार इसका संबंधित रत्न पर्ल है जो भावनात्मक संतुलन, शांति, अंतर्ज्ञान, माता की आकृति, गृह जीवन और परिवहन और वाहनों में भी लाभकारी है।

3) मरकरी *MERCURY*

बुध का संबंध मन और संचार से है। यह ग्रह वाणी, शब्द, व्यापार-लेन-देन, अंक, यात्रा और हास्य से संबंधित है।

इसका संबंधित रत्न है एमराल्ड (वैकल्पिक रत्न पेरिडॉट और ग्रीन टूमलाइन हैं)। ज्योतिष चार्ट में, इसके लाभ हैं; संचार कौशल, भाषण और लेखन, सोच और व्यापार की अच्छी समझ, हास्य, सूचना और यात्रा के त्वरित परिवर्तन को बढ़ावा देने के लिए।

4) मंगल *MARS*

मंगल युद्धों से जुड़ा है; इसलिए यह लड़ाई, शारीरिक शक्ति और अस्तित्व, बल, साहस से संबंधित है।

इसका संबंधित रत्न लाल मूंगा है जो मजबूती, प्रेरणा, साहस, शक्ति, लड़ने की क्षमता और अंत में जीत के लिए फायदेमंद है।

5) शुक्र *VENUS*

वैदिक ज्योतिष के अनुसार शुक्र प्रेम का ग्रह है जो सौंदर्य, रचनात्मकता, ललित कला, आभूषण, रोमांस और रत्नों से संबंधित है।

संबंधित रत्न डायमंड (वैकल्पिक विकल्प सफेद नीलम, सफेद जिक्रोन और फेनाकाइट) है जो स्वस्थ संबंधों, रचनात्मक क्षमता, विलासिता और व्यक्तिगत वृद्धि, पत्नी और महिलाओं के स्वास्थ्य और आराम के लिए लाभदायक है।

6) शनिः *SATURN*

शनि ग्रह सभी में सबसे गलत समझा जाने वाला ग्रह है। यह दर्शाता है, भयभीत मन स्थिति, परिणाम दिला सकता है लेकिन व्यक्ति के जीवन में आलस्य, असंगति, लापरवाही में रहता है। बुद्धिमानी से रत्नों के प्रयोग से व्यक्ति की योग्यता के आधार पर इसे शक्तिशाली किया जा सकता है।

इसका संबंधित रत्न नीलम है (रत्न का वैकल्पिक विकल्प ब्लू स्पिनेल और नीलम है) जो अनुशासन, कार्य नैतिकता, प्रतिबद्धता, दिनचर्या, संगठन और अनुवर्ती को बढ़ाता है।

इसमें मानवता के उच्चतम गुण हैं, जैसे, आध्यात्मिक और आत्म-अनुशासन और जब नीलम के उपयोग से इसके चरम रूपों में अभ्यास किया जाता है तो यह आंतरिक ऊर्जा और आध्यात्मिक वृद्धि को बढ़ाता है।

7) बृहस्पति *JUPITER*

वैदिक ज्योतिष में गुरु के रूप में जाने वाले व्यक्ति पर इसका सबसे अधिक प्रभाव पड़ता है। यह विकास और विस्तार के साथ भी जुड़ा हुआ है। यह भाग्य, ज्ञान, बहुतायत, प्रसन्नता और आध्यात्मिक प्राप्ति का प्रतीक है।

इसका संबंधित रत्न पीला नीलम है (वैकल्पिक विकल्प पीला पुखराज, सिट्रीन है) जो धन, शिक्षा, भाग्य, बच्चों के स्वास्थ्य और पति की भलाई, ज्ञान और ज्ञान से संबंधित है।

राहु और केतु के बारे में:

राहु का नाम सर्व प्रथम महाभारत में उस समय मिलता है जब देवता और असुर अमृत (अमर होने की प्रक्रिया है) से अमर होने की खोज में समुद्र मंथन की कथा पढ़ते हैं। राहु अपनी पत्नी संहिता के माध्यम से धनव विप्रचित्ती का पुत्र था, और माया धनव का एक भाई, महान जादूगर और वास्तुकार था।

राहु और केतु एक ही धनव के दो भाग हैं और एक दूसरे से १७६ अंश की दूरी पर हैं। जब भी सूर्य या चंद्रमा राहु या केतु के साथ युति करता है, तो सूर्य या चंद्र ग्रहण होता है।

8) राहु (उत्तरी चंद्र स्थिति)

राहु और केतु ग्रह नहीं हैं, लेकिन गणितीय दृष्टि से अंतरिक्ष में जगह है। वे छाया ग्रह के रूप में जाने जाते हैं जो ग्रहण की स्थिति के लिए उत्तरदायी होते हैं, और ये दोनों ग्रह वैदिक ज्योतिषीय चार्ट में परिक्रमा की अवधारणा में समान और विपरीत बल हैं। ज्योतिष चार्ट के अनुसार मार्ग में सक्रिय होने पर वे अत्यधिक कोलाहल मचाते हैं। राहु भौतिक वस्तुओं, धोखे, प्रसिद्धि, मोह और नशा का प्रतीक है।

इसका संगत पत्थर हेसोनाइट है जो धन और प्रसिद्धि को बढ़ावा देता है। इसका प्रयोग वैदिक ज्योतिषी से परामर्श के बाद सावधानी पूर्वक करना चाहिए क्योंकि यदि इसके महत्व के बिना उपयोग किए जाने पर इसके दुष्प्रभाव हो सकते हैं।

9) केतु

केतु चंद्रमा के दक्षिण में स्थापित है, जो आध्यात्मिक विकास, मुक्ति, ज्ञान और गैर-भौतिकवादी अदृश्य प्रभावों का प्रतीक है। केतु का संबंधित ज्योतिषीय रत्न बिल्ली की आंख है जो आध्यात्मिक विकास, ज्ञान और देवत्व के साथ संबंध को मजबूत करेगा। वैदिक ज्योतिषी द्वारा इसके उपयोग से परामर्श करने की सलाह दी जाती है क्योंकि इसके प्रतिकूल प्रभाव भी पड़ सकते हैं यदि ग्रह स्थिति की आवश्यकता नहीं है। इसका उपयोग अलग-अलग दशा में और व्यक्तियों के व्यक्तिगत चार्ट द्वारा ही निर्धारित किया जाना है।

यह एक वास्तविक ग्रह नहीं है, बल्कि वास्तव में, आकाश में गणितीय रूप से परिकलित बिंदु है। पदार्थ की कमी के कारण यह अप्रत्याशित घटना है। यह अमूर्त ज्ञान से संबंधित है। जब भी केतु चार्ट में बैठता है, हमें विचलित करता है और इस में ब्लैक छिद्र (Black Hole) का प्रभाव मिलेगा। कई लोग कहते हैं कि केतु अलगाव, हानि और अभाव को क्रियान्वित करता है। इसका आध्यात्मिक मन के लिए अच्छा प्रभाव पड़ता है लेकिन भौतिकवादी लोगों के लिए बुरा होता है। केतु हानि, मुक्ति, ज्ञान, धारणा, आत्मविश्वास की कमी, निषेध का प्रतीक है।

वैदिक भारतीय ज्योतिष ज्योतिष के अनुसार- रत्नः

सूर्य (सूर्य)-रत्न-रूबी
(मारीदिक) या- कैमेलियन, लाल टूमलाइन

चंद्रमा (चंद्र)- (मंगल)-रत्न
मोती, सफेद नीलम या सफेद पुखराज, क्रिस्टल क्वार्ट्ज

बुध (बुद्ध)-रत्न
लाल मूंगा या-लाल गार्नेट, कारेलियन

बृहस्पति (गुरु)-रत्न
पीला नीलम या – गोल्डन सिट्रीन

शुक्र (शुक्र)-रत्न-
हीरा, सफेद पुखराज या – सफेद क्वार्ट्ज (स्फाटिक), अमेरिकन डायमंड

शनि (शनि)-रत्न
नीला नीलम या- ब्लू आयोलाइट, लैपिस लाजुली (लाजवृत), चौलेडोनी।

राहु (राहु)-रत्न
एच. गार्नेट (गोमेद) या-लाल गार्नेट

केतु (केतु)-रत्न
बिल्ली की आँख (Cats eye) या-क्वार्ट्ज कैट-आई, मूनस्टोन।

भारतीय मान्यता के अनुसार राशि के अनुसार रत्न धारण करें:
राशि नाम अक्षर से शुरू होने वाले रत्न विकल्प

1) मेष (मेष) ।, Ch, O, L
   रत्न मूंगा (मुंगा) वैकल्पिक एच. गार्नेट (गोमेद), लाल गोमेद

2) वृषभ (वृषभ) ई, यू, ए, ओ, वी, बी
   रत्न हीरा वैकल्पिक (हीरा) ओपल, क्रिस्टल (स्फाटिक)

3) मिथुन (मिथुन) के, डी, घ, छ, एच
   रत्न पन्ना (पन्ना) विकल्प ग्रीन टूमलाइन, गोमेद हरा

4) कर्क (कार्क) डी, एच
   रत्न मोती (मोती) विकल्प मूनस्टोन, सफेद मूंगा (बिल्ली की आंख),

(सफेद मुंगा)

5) सिंह (सिंह) एम, टी रत्न माणिक वैकल्पिक लाल टूमलाइन, गार्नेट ळंत

6) कन्या (कन्या) टी, पी, थ, एन

रत्न पन्ना (पन्ना) विकल्प हरा टूमलाइन, गोमेद हरा

7) तुला (तुला) आर, टी रत्न हीरा वैकल्पिक ओपल, क्रिस्टल (स्फाटिक)

8) वृश्चिक (वृश्चिक) टी, एन, यू, वी

रत्न मूंगा (मुंगा) वैकल्पिक एच. गार्नेट (गोमेध), लाल गोमेद

9) धनु (धनु) वाई, भ, घ, एफ, पीएच, डी

रत्न पीला-नीलम वैकल्पिक गोल्डन सिट्रीन, टाइगर–आई

10) मकर (मकर) बीएच, जे, ख, जी

रत्न नीलमणि वैकल्पिक नीलम (कहला), लापीस (लजव्रत)

11) कुंभ (कुंभ) जी, एस, डी ब्लू-सफायर गोल्डन सिट्रीन, टाइगर–आई

12) मीन (मीन) D, B, Ksh, Tra, Ch

रत्न पीला-नीलम वैकल्पिक गोल्डन सिट्रीन, टाइगर–आई

पश्चिमी मान्यता के अनुसार राशि चक्र के अनुसार रत्नय
जन्म तिथि राशि राशि चिन्ह रत्न विकल्प

1) कुम्भ (कुंभ) 21/1-18/2 फिरोजा (फिरोजा) बिल्ली की आँख

2) मीन (मीन) 19/2-20/3 नीलम (कथला) क्वार्ट्ज (स्फाटिक)

3) मेष (मेष) 21/3-20/4 रेड जेस्पर (अकीक) रेड कारेलियन

4) वृष (वृषभ) 21/4-20/5 रोज क्वार्ट्ज (गुलाबी स्फटिक) लाल कारेलियन

5) मिथुन (मिथुन) 21/5-20/6 गोल्डन सिट्रीन (सुनेहला)- लेमन सिट्रीन (पीला सुनहेला)

6) कर्क (कर्क) 21/6-20/7 ग्रीन एवेंट्चूरिन - क्राइसोप्रेज (हरा मार्गज)

7) सिंह (सिंह) 21/7-22/8 रेड क्रिस्टल-शैम्पेन क्वार्ट्ज (धुनेहला स्फटिक)

8) कन्या (कन्या) 23/8-22/9 रत्न गोल्डन सिट्रीन (सुनेहला)- पीला अगेट (अकीक)

9) तुला (तुला) 23/9-22/10 धुएँ के रंग का (धुनेहला) क्वार्ट्ज - ऑरेंज सिट्रीन (केसरी सुनहेला)

10) वृश्चिक (वृश्चिक) 23/10/22/11 लाल रत्न कारेलियन (लाल टुमरलिन)

11) धनु (धनु) 23/11-21/12 कैल्सीडोनी (कैल्सीडोनी) क्वार्ट्ज (स्फाटिक)

12) मकर (मकर) 22/12-20/1 रत्न गोमेद – क्वार्ट्ज बिल्ली की आंख

सप्ताह के दिनों के अनुसार पहनें

रविवार पुखराज

मंडे पर्ल

मंगलवार रूबी

बुधवार नीलम

गुरुवार नीलम

शुक्रवार अगेट

शनिवार फिरोजा

राशि-जन्म का रत्न

1) मेषः ब्लडस्टोन, नीलम, क्रिस्टल-रूबी, हीरा-एक्वामरीन, पिंक टूमलाइन, कारेलियन, फायर एगेट, ब्राउन टूमलाइन, सिट्रीन क्रिस्टल, कुंजाइट।

2) वृषः नीलम-पन्ना-रोज क्वार्ट्ज, एक्वामरीन, एम्बर, कारेलियन, कायनाइट, अजुराइट, कुंजाइट, लैपिस लाजुली, रोडोनाइट, टाइगर्स-आई, सिलिमिनाइट।

3) मिथुनः अगेट-एगेट-एक्वामरीन, क्राइसोप्रेज, सिट्रीन, हेमेटाइट, क्रिस्टल, ग्रीन टूमलाइन, सर्पेन्टाइन, टाइगर-आई, रेनबो मूनस्टोन।

4) कर्कः पन्ना-रूबी, एमराल्ड-एम्बर, कारेलियन, क्राइसोप्रेज, रोडोनाइट, रेनबो मूनस्टोन महस एगेट, फायर एगेट, पिंक टूमलाइन, रूबी

5) सिंहः गोमेद-पेरिडॉट, रूबी, फिरोजा-एम्बर, क्राइसोकोला, कारेलियन, सिट्रीन क्रिस्टल, डेंड्राइट, एमराल्ड, फायर एगेट, रेड गार्नेट, गोल्डन पुखराज, ग्रीन टूमलाइन, पिंक टूमलाइन, सनस्टोन, जिरकोन, रूटिलेटेड क्वार्ट्ज, कुंजाइट क्रिस्टल, गुलाबी रोडोक्रोसाइट, सार्डोनीक्स

6) कन्याः पेरिडॉट, कारेलियन, नीला-नीलम-हरा, नीला-नीलम-हरा टूमलाइन, जिरकोन क्रिस्टल, कारेलियन-एम्बर, स्मिथसोनाइट, ब्लू पुखराज, सर्पेन्टाइन, सिट्रीन क्रिस्टल, क्राइसोकोला, अमेजॅनाइट, रेड गार्नेट, महस एगेट, पेरिडॉट, कम्बा जैस्पर, रेनबो मूनस्टोन, सोडालाइट, सार्डोनीक्स, सुगिलाइट।

7) तुलाः पेरिडॉट-लैपिस लाजुली, नीलम-एमेट्रिन, एक्वामरीन, ब्लडस्टोन,

एवेंट्यूरिन, एमराल्ड, ग्रीन टूमलाइन, डायमंड्स, लैपिस लाजुली, कुंजाइट क्रिस्टल, रेनबो मूनस्टोन, सनस्टोन, सर्पेंटाइन, मॉर्गनाइट, मॉर्गनाइट, टूममिलेटेड क्वार्ट्ज, पेरिडॉट, प्रीहाइट।

8) वृश्चिकः पेरिडॉट, एगेट एक्वामरीन-फिरोजा, मैलाकाइट, एमराल्ड, गोल्डन पुखराज, रूबी-चारोइट, डायोपसाइड, ग्रीन टूमलाइन, लैपिस लाजुली, मैलाकाइट, कुंजाइट, एमराल्ड स्टोन, रेनबो मूनस्टोन, रोडोक्रोसाइट, ब्लैक ओब्सीडियन स्टोन, पेरिडॉट, डायमंड्स।

9) धनुः नीलम क्रिस्टल, फिरोजा-लैपिस लाजुली, ब्लू-पुखराज, वेसुवियनाइट -अजूराइट, ब्लू लेस एगेट, चारोइट, डायोपसाइड, मैलाकाइट, व्हाइट पुखराज, रूबी, जिरकोन क्रिस्टल, लैब्राडोराइट क्रिस्टल, स्नोफ्लेक ओब्सीडियन, पिंक टूमलाइन, सोडालाइट, सुगिलाइट, पीला-नीलम

10) मकर राशिः रूबी, फिरोजाएगेट, पेरिडॉट, गार्नेट, वेसुवियनाइट-एम्बर, अजूराइट, ब्लैक टूमलाइन, रेड गार्नेट, फ्लोराइट, ग्रीन टूमलाइन, कारेलियन स्टोन्स, ओब्सीडियन, मैलाकाइट, लैब्राडोराइट क्रिस्टल, जेट, स्मोकी क्वार्ट्ज, ब्लैक गोमेद।

11) कुंभः नीलम, क्रिस्टल-नीलम क्रिस्टल, गार्नेट-एम्बर, एक्वामरीन, आयोलाइट, ब्लू ओब्सीडियन, सुगिलाइट, क्राइसोप्रेज, महस एगेट, लैब्राडोराइट, फ्लोराइट, रेनबो मूनस्टोन, जैस्पर।

12) मीनः नीलम, क्रिस्टल-नीलम, क्रिस्टल, फिरोजा-एमेट्रिन, एक्वामरीन, फ्लोराइट, ग्रीन क्राइसोप्रेज, ओशन जैस्पर, एम्बर, ब्लू लेस एगेट, चारोइट, सनस्टोन, नीलम, ब्लडस्टोन, रेनबो मूनस्टोन, लैब्राडोराइट क्रिस्टल, कैल्साइट।

अध्याय 11
ग्रहों की स्थिति मानव जीवन को कैसे प्रभावित करती है ?

हम अपने सौर मंडल में ग्रहों और सितारों से घिरे हुए हैं और गुरुत्वाकर्षण शक्ति और विद्युत चुम्बकीय शक्ति के माध्यम से उनसे जुड़े हुए हैं। ब्रह्मांड इतना विशाल है कि मानव जाति ने सम्भवता ही इसकी खोज की हो और इसलिए हम अपने सौर मंडल के बारे में बहुत कम जानते हैं। प्रत्येक ग्रह हमारे जीवन में एक क्षेत्र का प्रतिनिधित्व करता है, जीवन की विविधता का एक अलग भाग है जो घटक हमें बनाते हैं। दो प्रमुख शक्ति हैं, गुरुत्वाकर्षण और विद्युत चुंबक त्व, जो दूरियों पर वस्तुओं को प्रभावित करते हैं। पहला विचार ईथर सिद्धांत या एक सार्वभौमिक बल विशेषता के रूप में है, और एक गठन जिसे विज्ञान एक रिक्त स्थान के रूप में संबंधित करता है। मिस्र के ब्रह्मांड विज्ञान के रूप में प्रचारित विभिन्न सिद्धांत हैं जो तत्वमीमांसा और कीमिया शिक्षाओं के रूप में कार्य करते हैं। दूसरा विद्युत ब्रह्मांड सिद्धांत के रूप में किसी शब्द से संबंधित है। शोध से प्लाज्मा भौतिकी पर आधारित शक्तिशाली वैज्ञानिक प्रमाण सामने आए हैं। यह एक विद्युत आवेशित क्षेत्र के रूप में अंतरिक्ष का विज्ञान है जिसमें सभी पदार्थ, बदले में, आवेशित, स्थापित हैं और जुड़े हुए हैं।

इनमें से प्रत्येक चीज जैसे पत्थर, क्रिस्टल और धातु और रंग, पृथ्वी, वायु, जल, अग्नि, आकाश (अंतरिक्ष), लोग, हमारा ग्रह और हमारा ब्रह्मांड सभी में ऊर्जा है। यह वह ऊर्जा है, जो इस ब्रह्मांड में हर चीज को कार्य करने की अनुमति देती है।

पृथ्वी सूर्य और चंद्रमा के कुछ ग्रहों के प्रभावों का अनुभव करती है जैसे, समुद्र, पानी का बिना चंद्रमा के दिन और पूर्णिमा के दिन और कुछ हद तक अंतरिक्ष से विकिरण पर गुरुत्वाकर्षण प्रभाव पड़ता है। इसी तरह गुरुत्वाकर्षण बल, किसी भी तरह मंगल, शुक्र, बुध, बृहस्पति, शनि, यूरेनस, नेपच्यून, प्लूटो और वैदिक-ज्योतिष के अनुसार राहु और केतु और मानव जाति पर भी सीधा प्रभाव डालते हैं। चंद्रमा का हमारे वायुमंडल, समुद्र और जलमंडल पर प्रभाव पड़ता है और विज्ञान इसे मानता है। पूर्णिमा और अमावस्या के दिनों में जलमंडल में भयंकर ज्वार आते हैं, यह हमारे वातावरण को भी प्रभावित करते हैं। ऐसा इसलिए है क्योंकि वे मनुष्यों को भी प्रभावित करते हैं क्योंकि मानव शरीर में लगभग 90% पानी होता है जो मन को भी प्रभावित करता है। ऐसा इसलिए है क्योंकि वातावरण में नमी इंसानों के लिए कुछ समस्याएं पैदा करती है।

विभिन्न ग्रहों की ऊर्जा का मानवता पर और पौधे और पशु जीवन पर भी अलग-अलग प्रभाव पड़ता है। द्रव गतिकी का विज्ञान यह बताता है कि हवा और पानी जैसी चीजें कैसे चलती हैं और बल के कारण यह साबित हुआ कि कुछ भी उड़ने में सक्षम नहीं होना चाहिए। इसमें कहा गया है कि कुछ सामग्री की संपत्ति को अन्य सामग्रियों के अनुसार आकर्षित करना या हटाना आकार, दूरी और संपत्ति पर निर्भर करता है।

लोगों ने देखा कि अधिकांश तारे एक-दूसरे के सापेक्ष स्थिर थे, इन तारों को स्थिर या स्थिर नाम दिया गया। उन्होंने देखा कि पाँच दृश्यमान तारे थे जो दूसरों के विपरीत, पृथ्वी के चारों ओर चक्कर लगा रहे थे, एक संकीर्ण रेखा तक सीमित थे। यह रेखा, जिसे एक्लिप्टिक कहा जाता है, एक निश्चित कोण पर पृथ्वी के चारों ओर घूमती है। अण्डाकार वही रेखा है जो सूर्य, चंद्रमा और पांच दृश्यमान सितारों द्वारा पार की जाती है। धीरे-धीरे ज्योतिषियों ने एक्लिप्टिक के बेल्ट को ११ खंडों में विभाजित किया और उनमें से प्रत्येक का नाम उन निश्चित सितारों के नक्षत्रों के नाम पर रखा, जिन्हें उन्होंने अपने पीछे देखा था। उनमें से अधिकांश का नाम जानवरों के नाम पर रखा गया है, जहां विशिष्ट विशेषताएं ऊर्जा का सबसे अच्छा वर्णन करती हैं, प्रत्येक नक्षत्र से निकलती है यह वह था जो राशि चक्र का जन्म हुआ था।

ज्योतिषियों का मानना था कि जब कोई ग्रह राशि चक्र के एक निश्चित भाग से गुजरता है तो यह कुछ घटनाओं का कारण बनता है। इन अवधियों के दौरान पैदा हुए बच्चे समान विशेषताओं को दर्शाते हैं। अण्डाकार के साथ अपनी निरंतर यात्रा में, ग्रह राशि चक्र के एक राशि से दूसरे स्थान पर जाते हैं। कुछ समय के बाद, वे उसी चिन्ह पर लौट आते हैं जहाँ वे पहले थे। अलग-अलग वर्षों में पैदा हुए बच्चे, लेकिन उस समय के दौरान, जब कोई विशेष ग्रह राशि चक्र के एक ही राशि से गुजर रहा होता है, इस ग्रह द्वारा शासित डोमेन से संबंधित बहुत समान लक्षण भी दिखाते हैं।

चूंकि सभी परिवर्तन गति का परिणाम हैं, इसलिए तीन गति चक्रों पर विचार किया जाना है। सबसे पहले, सूर्य के चारों ओर पृथ्वी की परिक्रमा। यह एक वर्ष में पूरा होता है। दूसरा, पृथ्वी के चारों ओर चंद्रमा की परिक्रमा। यह एक माह में पूरा हो जाता है। तीसरा, पृथ्वी का अपनी धुरी पर घूमना। यह एक दिन में पूरा होता है। प्रत्येक व्यक्ति दूसरे पिंड को उसके द्रव्यमान के अनुपात में आकर्षित करता है, और दूरी के अनुसार इसके विपरीत। यही कारण है कि मंगल की तुलना में बुध पर सूर्य का अधिक प्रभाव है, पृथ्वी की तुलना में शुक्र पर अधिक प्रभाव है, बृहस्पति की तुलना में मंगल पर अधिक और यूरेनस की तुलना में शनि पर अधिक प्रभाव है। प्रकाश, गर्मी, ध्वनि, रंग, शक्ति, बिजली, वनस्पति, स्वास्थ्य, बीमारी, सभी भौतिक घटनाएं, ज्वार, वायरलेस और रेडियो कंपन

की अभिव्यक्ति हैं और विभिन्न ग्रह धातु, गैसों और रसायनों के विशाल द्रव्यमान हैं जो कि कंपन का कारण बनता है जिसके लिए हम प्रतिक्रिया करते हैं। जैसे-जैसे ये ग्रह समय-समय पर अपनी सापेक्ष स्थिति बदलते हैं, कंपन में उनके परिवर्तन का अनुपात, और कुछ कंपन मजबूत होते हैं जबकि अन्य घटते हैं।

मनुष्य अपने जन्म समय और स्थान (देशांतर और अक्षांश) से प्रभावित होते हैं, जैसे। बुध वह ग्रह है जो मन और संचार पर शासन करता है। ग्रीक पौराणिक कथाओं में, बुध का प्रतिनिधित्व हेमीज द्वारा किया जाता है, जिसे हमेशा ईश्वर के पंखों वाले दूत के रूप में चित्रित किया जाता है या दूसरे शब्दों में वह मध्यवर्ती है, जो देवताओं और मनुष्यों के बीच संचार का संचालन करता है। एक अन्य उदाहरण के रूप में, शुक्र लोगों के बीच सद्भाव, एकता और प्रेम का शासन करने वाला ग्रह है। यूनानियों ने उसे एफ्रोडाइट, प्रेम की देवी कहा– आदर्श, परिचित और यौन। प्रत्येक ग्रह सूर्य की सात प्रमुख किरणों में से एक के लिए परावर्तक के रूप में कार्य करता है। विभेदीकरण और सिद्धि का उनका चक्र पूरा होने के बाद, वे फिर से एकत्रित हो जाते हैं और ब्रह्मांडीय ऊर्जा नामक एक महान श्वेत प्रकाश में एक हो जाते हैं। ज्योतिषीय परिघटनाओं पर बहुत शोध हुए हैं, लेकिन अभी तक सभी परिणाम समय-समय पर और आज तक शोध में मिलते-जुलते रहे हैं। जन्म के समय ने आपके मानसिक, नैतिक, आध्यात्मिक और शारीरिक विशेषताओं में स्पष्ट होने वाले स्पंदनों की प्रकृति और तीव्रता को निर्धारित किया है, और ये बदले में, आपके लिए आने वाले चरित्र, पर्यावरण और अवसरों को इंगित करते हैं। जन्म के समय आपको जो विशेषताएं दी गई हैं, उनके अनुसार आप आत्मनिर्णय या स्वतंत्र इच्छा को बदल सकते हैं।

कुंडली की सटीकता सीधे ज्योतिषी की व्याख्या की शक्ति पर निर्भर करती है। व्याख्या और अन्तर्ज्ञान की शक्ति को साधना द्वारा ही बढ़ाया जा सकता है। वर्तमान युग हमारे जीवन का 50% भाग्य में है। यदि हम अपनी स्वतंत्र इच्छा का 50% साधना करने के लिए प्रयोग करते हैं तो हम अपने प्रारब्ध पर विजय प्राप्त कर सकते हैं या उससे मुक्त हो सकते हैं। प्रतिकूल प्रारब्ध का प्रतिकार करने के लिए साधना ही एकमात्र उपाय है।

मंगल ग्रहः

यह अनिष्टकर ग्रह मंगल में से एक है, जन्म कुंडली में अपनी स्थिति के आधार पर विनाशकारी शक्ति या सकारात्मक आध्यात्मिक ऊर्जा हो सकती है। यह मूल रूप से युवाओं की विशेषता और दुश्मनों से लड़ने की शक्ति पर प्रकाश डालता है। यह ग्रह चरम पर कार्य करता है। एक बिंदु पर यह आपको गतिशील महसूस करा सकता है और आपके उत्साही

व्यक्तित्व को बढ़ा सकता है, दूसरी ओर, यह आपको लोगों पर हावी होने के लिए प्रेरित कर सकता है। मंगल का सकारात्मक स्थान आपको भय और आक्रामकता पर विजय प्राप्त करने में मदद कर सकता है। इसके अलावा एक अशुभ ग्रह भय, आक्रामकता के नकारात्मक प्रभाव को बढ़ा देगा और यहाँ तक कि व्यक्ति को हिंसक होने के लिए प्रेरित भी कर सकता है।

बुधः

यह तर्कसंगत मस्तिष्क का ख्याल रखता है। जहाँ चंद्रमा व्यक्ति के भावनात्मक सोच वाले हिस्से को नियंत्रित करता है, वहीं बुध मन के तर्कसंगत और तार्किक हिस्से को प्रदर्शित करता है। यदि बुध ग्रह आपकी जन्म कुंडली में अच्छे तरह से स्थित है तो यह जीवन की खोज, सीखने, आपकी बुद्धि, भाषण और लेखन कौशल को बढ़ाने में आपकी मदद कर सकता है। एक और ध्यान देने योग्य बात यह है कि यदि संयोग से मरकरी Mercury अत्यधिक शक्तिशाली है और वांछित स्तर की शक्ति को बढ़ाता है तो यह तर्क के साथ आपके भावनात्मक पक्ष को प्रभावित कर सकता है और आपको जीवन के प्रति आलोचनात्मक बना सकता है। कमजोर मरकरी आपको भावनाओं पर निर्भर बना देगा और बुद्धि की कमी करेगा और ज्ञान को बनाए रखने में भी बाधा डाल सकता है। अन्य ग्रहों के साथ बुध के संबंध को विशेष रूप से हानिकारक देखना महत्वपूर्ण है क्योंकि उनकी कंपनी में यह मजबूत पारा का उपयोग करके व्यक्ति को विनाशकारी गतिविधियों की ओर धकेल सकता है।

बृहस्पतिः

इसे गुरु के रूप में भी जाना जाता है, जीवन के लिए मार्गदर्शनय यह संपन्नता का पौधा है जो भव्यता, सौभाग्य, वृद्धि और धन के लिए जाना जाता है। बृहस्पति अपने चारों ओर स्थित सभी क्षेत्रों को आशीर्वाद देता है और बदले में उम्मीद किए बिना एक दाता है। यदि जन्म कुंडली में दृढ़ता से रखा जाए तो यह धार्मिकता, न्याय, अच्छे कर्म के परिणाम की वर्षा करता है। लेकिन इसके विपरीत, अत्यधिक मजबूत बृहस्पति व्यक्ति को शांत कर सकता है और अपने जीवन को बेहतर बनाने के लिए कोई प्रयास नहीं कर सकता है। वहीं दूसरी ओर पीड़ित बृहस्पति की स्थिति व्यक्ति को नकारात्मक बना सकती है और जीवन में आशावाद की कमी कर सकती है, यह पति के साथ समस्याओं, उसके स्वास्थ्य, बच्चे पैदा करने में समस्या भी दिखा सकती है। कुल मिलाकर जब बृहस्पति गोचर में होता है तो यह सभी के लिए समृद्धि लाता है।

शुक्र:

शुक्र को प्रेम का ग्रह कहा जाता है। यह किसी व्यक्ति के कलात्मक और सौंदर्य पक्ष और उसके कौशल पर प्रकाश डालता है। यह वह ग्रह है जो आपको दर्दनाक अतीत से उबरने में मदद करता है और आपको वापसी के रास्ते पर ले जाता है। एक मजबूत शुक्र आपके कलात्मक पक्ष को सामने लाएगा और आपको शारीरिक सुंदरता, आकर्षण, धन, सद्भाव और समृद्धि भी प्रदान करेगा। यह भक्ति और तीव्र भावना के लिए प्यार और जुनून को परिवर्तित करता है। एक अत्यंत मजबूत शुक्र कामुक सुख या भौतिकवादी चीजों के प्रति अत्यधिक लगाव का कारण बन सकता है जो आपको कमजोर बना देगा। दुर्भाग्य से, एक जानबूझकर शुक्र जीवन में प्यार की कमी या जीवन में आनंद या आनंद प्राप्त करने में कठिनाई पैदा कर सकता है। यह व्यक्ति को कामुक आनंद प्राप्त करने के लिए नकारात्मक तरीकों का चयन करने के लिए प्रेरित कर सकता है और यौन विकार पैदा कर सकता है। तुला और वृष राशियों का स्वामी ग्रह शुक्र है!

शनि ग्रह:

कर्म ग्रह के रूप में जाना जाने वाला शनि एक सख्त अनुशासक है! यह कड़ी मेहनत, गंभीरता, नकारात्मकताओं का सामना करने और उन्हें बदलने की ताकत का प्रतिनिधित्व करता है। यह हमें हमारे अच्छे या बुरे कर्मों का सामना करता है और वर्तमान में उनके परिणामों का सामना करके सुधारता है। जन्म कुंडली में इसकी स्थिति जीवन में आने वाली कठिनाइयों को दर्शाती है। सकारात्मक रूप से स्थित शनि आपकी कड़ी मेहनत, संवेदनशीलता, जिम्मेदारी और आत्म-अनुशासन का परिणाम दिखाएगा। वहीं दूसरी ओर, पीड़ित शनि जीवन में आने वाली कठिनाइयों से लड़ना कठिन बना देगा जिससे और अधिक कष्ट होंगे! यह अक्सर व्यक्ति को अवसाद में ले जाता है और बीमार चीजों का विकल्प चुनता है जो उनके जीवन को पूरी तरह से निराश कर सकता है। मकर और कुम्भ राशियों का स्वामी ग्रह है शनि!

अध्याय 12
क्या अंकों के खेल का जीवन पर प्रभाव पड़ता है ?

जीवन में संख्याओं का खेलः

संख्याओं का विज्ञान मनुष्य के स्वभाव और जीवन के सम्बन्ध के बारे में एक भविष्यवाणी का स्त्रोत है। यह ब्रह्मांड में ग्रहों के परिवर्तन के प्रभाव का भी प्रतीक है क्योंकि सभी ग्रह सूर्य के चारों ओर घूमते हैं, और चंद्रमा पृथ्वी के चारों ओर घूमता है। यह आपको जीवन-साथी के चुनाव का एक विचार भी देता है क्योंकि कुछ संख्याएँ मित्रवत होती हैं, और अन्य एक-दूसरे के अनुकूल नहीं होती हैं। यह एक नए उद्यम के लिए व्यावसायिक साझेदारी चुनने में भूमिका निभाता है।

जब हम किसी व्यक्ति के जीवन में संख्याओं के खेल के बारे में सोचते हैं, तो हमें याद आता है कि यद्यपि संख्याओं के इस विज्ञान की उत्पत्ति भारत में हुई थी, फिर भी यह यूरोप और मध्य पूर्व सहित शेष विश्व के अन्य क्षेत्रों में चला गया। यह संख्याओं का विज्ञान है जिसका उपयोग वैदिक ज्योतिष, प्राचीन ज्योतिष शास्त्र, कुंडली और जन्म कुंडली में राशियों में किया जाता था। पश्चिम में जो चेरो (Cheiro) नाम से परिचित नहीं है, असली नाम विलियम जॉन वार्नर था जो 1866 में डबलिन आयरलैंड के पास पैदा हुआ था। उन्होंने कभी-कभी अपना नाम काउंट लुई हैमन के रूप में भी रखा।

जब वह 12 वर्ष की आयु में छोटा था, तो उसके बड़ों ने देखा कि वह पूर्वानुमान पर ध्यान केंद्रित करता है, इसलिए उसने ज्योतिष पर अपना अध्ययन शुरू किया और बाद में भारत का दौरा किया। वे गुरुओं के संपर्क में आए और उन्होंने प्राचीन सामग्रियों का अध्ययन शुरू किया, संख्या और हस्तरेखा विज्ञान के इस विज्ञान पर कुछ ज्ञान प्राप्त किया। वे तीन साल तक भारत में रहे और वापस लंदन आ गए। वह भविष्यवाणियों में प्रमुख हो गए, इसलिए उन्होंने गति प्राप्त की और बाद में उन्हें तत्कालीन प्रधान मंत्री यूनाइटेड किंगडम आर्थर जेम्स बालफोर ने मान्यता दी और उनके लिए भविष्यवाणियां कीं।

चीयरियो ने द्वितीय विश्व युद्ध के दौरान, रूसी क्रांति, इंग्लैंड ट्रेड यूनियनों के साथ, 1926 में हड़ताल, मध्य पूर्व की घटनाओं और यूके के शाही परिवार के लिए कई भविष्यवाणियां की हैं। उन्होंने हॉलीवुड के लिए काम किया जो उनके जीवन का बाद का हिस्सा है। 1926 में 69 वर्ष की आयु में उनका निधन हो गया। उन्होंने कई किताबें लिखीं लेकिन उनकी सबसे क्लासिक किताब 'बुक ऑफ नंबर्स' थी, जिसे आज भी दुनिया भर में कई लोग पसंद करते हैं।

मैं आपको कुछ अंतर्दृष्टि देना चाहता हूं कि वास्तव में संख्याओं का विज्ञान क्या है।

मैं अपने पाठकों को जीवन में अपने बारे में जानने के लिए कहने की कोशिश कर रहा हूं जो आपके जीवन के लिए सही बदलाव करने में सहायक हो सकता है यदि संख्या खेल के साथ आपके बारे में गणना करते समय कोई नकारात्मक कारक है।

संख्याओं का विज्ञानः

जन्म, जीवन या भाग्य संख्या की गणना जन्म तिथि में प्रत्येक संख्या का योग जोड़कर की जाती है। यदि किसी की जन्म तिथि 15-11-1975 है, तो एक अंक प्राप्त करने के लिए सभी संख्याओं को जोड़ दें।

दहाई अंकों वाली संख्याओं को मास्टर नंबर कहा जाता है जैसे 11, 22, 33 आदि।

किसी को विचार नहीं करना चाहिए कि यह केवल एक भविष्यवाणी है बल्कि यह केवल व्यक्ति को अपनी कमजोरियों के लिए काम करने और आने वाले जीवन में अपनी ताकत को उन्नत करने के लिए सूचित करने के लिए है। किसी को भी यह नहीं मानना चाहिए कि यहाँ जो कहा गया है वह आपकी नियति होगी, लेकिन जीवन के सपनों और लक्ष्यों को पूरा करने के लिए कड़ी मेहनत करने के लिए एक दिशानिर्देश है।

$1+5+1+1+1+9+7+5=30=3+0=3$ इसलिए 3 जन्म, भाग्य या जीवन संख्या है।

1-9 सभी नौ संख्याएँ हैं, लेकिन संख्या '0' एक मृत संख्या है जो यहाँ अधिक प्रासंगिक नहीं है। 24 अक्षर हैं जहाँ प्रत्येक संख्या किसी न किसी वर्णमाला का प्रतिनिधित्व करती है या अन्य नीचे वर्णित है।

संख्याओं और अक्षरों के बीच का संबंध चुने हुए समय, भूत, वर्तमान और भविष्य के अनुसार घटनाओं और व्यक्ति के व्यक्तिगत जीवन के लिए भविष्यवाणियां करता है।

शुरू करने के लिए, आपको व्यक्ति के जन्म प्रमाण पत्र पर लिखे गए व्यक्ति के पूरे नाम का उपयोग करने की आवश्यकता है। फिर, प्राचीन पाइथागोरस प्रणाली के आधार पर, प्रत्येक अक्षर को एक से नौ तक की संख्या दी जाती है।

संख्याओं को लैटिन वर्णमाला के अक्षरों को निम्नानुसार सौंपा गया है।

1 2 3 4 5 6 7 8 9

ए बी सी डी ई एफ जी एच आई

A B C D E F G H I

जे के अल ऍम एन ओ पी क्यू आर

J K L M N O P Q R

एस टू यू वी डब्ल एक्स वाई जेड

S T U V W X Y Z

इसके बाद, अपने पूरे जन्म नाम में प्रत्येक अक्षर से जुड़े सभी नंबरों को एक साथ जोड़ें। फिर, जब तक आप एक अंक प्राप्त नहीं करते तब तक संख्या कम हो जाती है।

उदाहरण के लिए, मोहन दास करमचंद गांधी,

1) मोहन:$4+6+8+1+5=24=2+4=6$

2) दास: $4+1+1=6$

3) करमचंद: $2+1+9+1+4+3+8+1+5+4=38=3+8=11=1+1=2$

4) गांधी: $7+1+5+4+8+9=34=3+4=7$

तो, नाम संख्या के अनुसार: $24+6+38+34=102=1+0+2=3$ नाम संख्या 3 है।

यदि आप एकल संख्याओं का योग करते हैं, तो यह नीचे दी गई संख्या के समान होती है।

$6+6+2+7=21=1+3=3$ नाम संख्या 3 है

नाम संख्या में आप व्यक्तिगत व्यक्तित्व, और भाग्य जान सकते हैं। आप भाग्य परिवर्तन कर सकते हैं, नाम परिवर्तित करने से या उसके अक्षरों में परिवर्तन से या कुछ नवीन नाम जोड़के या कम करक। दूसरी संख्या की गणना किसी व्यक्ति की जन्म तिथि से की जाती है जो एक विस्तारित संख्या है, जो व्यक्ति की प्रतिभा और लक्षणों का प्रतिनिधित्व करती है। यह उनकी इच्छाओं, आंतरिक प्रकृति और जीवन के उद्देश्य का भी वर्णन करता है।

गणना का दूसरा तरीका जन्म तिथि है जैसा कि नीचे दिया गया है।

मोहन दास करमचंद गांधी की जन्म तिथि है;

2 अक्टूबर 1869

$2+(10)1+0+1+8+6+9=27=2+7=9$ जन्म तिथि 9 है।

प्रत्येक संख्या में घटनाओं को प्रभावित करने और एक व्यक्ति के जीवन के लिए उसके गुण, अर्थ और शक्ति होती है।

अंक ज्योतिष में सभी संख्याओं का अर्थ।

संख्या 0:

अर्थ कुछ भी नहीं है, शुरुआत से, पैदा होने के लिए, और ब्रह्मांड से संबंधित हो सकता है। कोई भी इन 0 संख्याओं का प्रतिनिधित्व नहीं करता है।

संख्या 1:

इस अंक में जन्म लेने वाले व्यक्ति में नेतृत्व के गुण होते हैं, उनके अधीन काम करने वाले लोग उन पर भरोसा करते हैं और उनका अनुसरण करते हैं। वे ज्यादातर उन क्षेत्रों में बहुत सफल होते हैं जहाँ वे काम करते हैं, व्यवसाय, नौकरी, सामाजिक या राजनीतिक नेतृत्व में, वे शीर्ष पदों पर पहुंचते हैं। ऐसे बहुत कम लोग होते हैं जो इस अंक के तहत पैदा होते हैं, लेकिन ऐसे मामले में जहाँ संख्याओं की गणना अलग-अलग व्यक्तियों के नाम से की जाती है, कोई व्यक्ति अपना नाम बदलकर या उसकी वर्तनी बदलकर अपना नंबर बदल सकता है।

प्यार के मामले में इस अंक में जन्म लेने वाला व्यक्ति रिश्तों में रहना तो पसंद करेगा लेकिन साथ ही अकेले रहने का भी आनंद लेता है।

1 नंबर भी सबसे अच्छा है, और एक नया उद्यम या परियोजना शुरू करने के लिए अनुकूल है।

संख्या 2:

अंक 2 के अंतर्गत आने वाला व्यक्ति अपने सह-साझेदारों, मित्रों, परिवार के साथ सभी संबंधों में सामंजस्य स्थापित करता है। वह हर उस व्यक्ति से प्यार करता है जो उससे जुड़ा हुआ है, और उसकी उपस्थिति मात्र से प्रसन्नता महसूस करता है। वह जमीन से जुड़ा व्यक्ति होता है और वह व्यवसाय में एक सफल भागीदार है। एक नए उद्यम के लिए एक विशिष्ट तिथि के लिए गणना में यदि पथ संख्या 2 है और डिजिटल डेटा संख्या 2 में जोड़ा गया है, तो वे उसी परियोजना के लिए सफल व्यवसाय-समझौते पर हस्ताक्षर करते हैं।

संख्या 3:

अंक 3 के तहत व्यक्ति आध्यात्मिक रूप से पूरी तरह से जीवन जीते हैं, मन के आध्यात्मिक झुकाव के साथ, अपरिभाषित पीछा और

विश्लेषण के लिए जाते हैं। वे एक सामाजिक व्यक्ति होते हैं, उनके पास एक अच्छे साथियों का समूह होता है और उन्हें इसकी आत्म-अभिव्यक्ति की क्षमता होती है। प्रेम जीवन में, उनके एक समय में एक से अधिक साथी हो सकते हैं लेकिन एक साथी के साथ अंत करने के लिए प्रतिबद्ध हैं। वे सामाजिककरण और आनंद लेने में अच्छे हैं।

संख्या 4:

इस अंक 4 के अंतर्गत आने वाला व्यक्ति एक अच्छा आयोजक, योजनाकार होता है। वह प्रशासनिक क्षमता में अच्छे हैं जो एक बड़ी परियोजना में कार्यालय या संगठन में सबसे अच्छा नियंत्रण कर सकता है। रिश्तों में वह ऐसे व्यक्ति को प्राथिमिकता देते है जो स्वयं के प्रकार हो।

संख्या 5:

5 नंबर का व्यक्ति यात्रा में अच्छा होता है और उसे दुनिया भर में एक नई संस्कृति और भाषाओं की खोज करने में आनंद आता है। कभी-कभी वे अलग-अलग देशों में रहना पसंद करते हैं जो उसके नहीं होते बल्कि इमिग्रेशन लेते हैं। वह एक स्वतंत्र व्यक्ति के साथ खुले संबंधों में विश्वास करता है जो उसके साथ जाता है।

संख्या 6:

अंक 6 से नीचे का व्यक्ति दिल का अच्छा, ईमानदार, गर्म और स्नेही होता है। वह वास्तव में अपने दिल से सोचता है, बोलता है और कार्य करता है। ऐसे व्यक्ति, आपको शिक्षक, उपदेशक, सामाजिक कार्यकर्ता और आध्यात्मिक पुजारी मिलेंगे। वे लंबे पारिवारिक संबंधों में अच्छे हैं। वे समुदायों के लिए और सार्वभौमिक स्तरों पर और लोगों के लिए दूर के स्थानों के लिए काम करते हैं।

संख्या 7:

अंक 7 के तहत व्यक्ति मन की शक्ति से शासित होता है, आध्यात्मिकता, दर्शन की ओर अभ्यास करने पर तुले होते हैं और वे ध्यान और योग के माध्यम से शक्ति प्राप्त करते हैं। वे पूरी तरह से उन लोगों की तुलना में अलग जीवन व्यतीत करते हैं जो सांसारिक खोज में जाते हैं। ऐसे लोग महान गुरु, उपदेशक और प्रोफेसर बनते हैं। उन्होंने किताबें लिखीं और आध्यात्मिक दुनिया में अपनी उपस्थिति महसूस की।

संख्या 8:

नंबर 8 के तहत व्यक्ति महान प्रेरक, मेहनती लोग होते हैं और उनके पास अत्यधिक वित्तीय समझ होती है, और शीर्ष आर्थिक सलाहकार या फंड मैनेजर होते हैं। अपने प्रेम जीवन में, वे सख्ती से एक रिश्ता

बनाए रखते हैं।

संख्या 9:

9 अंक से कम के लोग अच्छे होते हैं और मानवता में विश्वास रखते हैं और उनके लिए अच्छे भाग्यशाली होते है। वे भी महान नेता होते हैं। वे एक धर्मार्थ कारण के लिए काम करते हैं। प्रेम संबंधों में ये किसी और से अधिक स्वयं को पसंद और ध्यान रखते हैं।

अब सबसे अच्छे दो अंकों वाली संख्याएँ जिनमें कुल दस संख्याएँ 0-9 हैं, उनमें से कुछ सर्वश्रेष्ठ नीचे दी गई हैं, हालाँकि, 99 संख्याओं के भीतर कई संख्याएँ हैं और प्रत्येक दोहरे अंक के अपने गुण हैं। मैं उनमें से केवल कुछ को ही लिख रहा हूँ।

संख्या 11:

नंबर 11 में दो नंबर 1 और 2 होते हैं क्योंकि $11 = 1+1 = 2..$। तो, दो संख्याएं 1 और 2 हैं जिनमें अद्वितीय गुण और दोनों संख्याओं की ताकत है। गुणों की यह संख्या प्रकृति में अंतर्मुखी को दर्शाती है, यह अच्छा भी है और बुरा भी है और इसे नियंत्रित करना कठिन है। उन्हें उस क्षेत्र में काम पर सक्रिय होने की जरूरत है जो उन्हें शोभा नहीं देता और एक स्वतंत्र विचारक होने के नाते उनसे जुड़े लोग ऐसे लोगों के विरुद्ध हैं।

संख्या 22:

यह एक शक्तिशाली संख्या मानी जाती है और इस अंक के अंतर्गत लोग महान दूरदर्शी होते हैं। उनमें मानवीय मूल्यों के साथ दूसरों की मदद करने का गुण है, निस्वार्थ विशेषता, लेकिन जब वे पतन का सामना करते हैं, तो वे स्वयं को नियंत्रित करने में विफल होते हैं और तनाव में पड़ जाते हैं।

जब आप 24 मार्च 2020 जैसी किसी विशेष तिथि की गणना करते हैं, जो नीचे दी गई है।

$$24.03.2020 = 2+4+0+3+2+0+2+0 = 31 = 3+1 = 4$$

तो, संख्या 4 तारीख का अंतिम योग है।

अध्याय 13

राशि चक्र के संकेत, मानव-प्रकृति और गुणों की भविष्यवाणी के लिए इसकी प्रासंगिकता

राशि शब्द को पहली बार प्राचीन ग्रीक वाक्यांश, ज़ोइडियाकोस किक्लोस से हुई है, जिसका अर्थ है, छोटे जानवरों का चक्र या काल-चक्र। ज्योतिषियों के अनुसार राशि चक्र चिन्हों का चक्र तीन प्रमुख घटकों से बना होता है;

1- राशि चिन्ह

2- चार तत्व: आपकी राशि के चार तत्व वायु, पृथ्वी, अग्नि और जल को दर्शाते हैं।

इन तत्वों को शुरू में पांचवीं शताब्दी ईसा पूर्व के दौरान प्राचीन यूनानी दार्शनिक एम्पेडोकल्स द्वारा पहचाना गया था। एम्पेडोकल्स ने कहा कि ब्रह्मांड दो विपरीत ताकतों से बना है जिन्हें प्रेम और संघर्ष के रूप में जाना जाता है जिन्होंने चार तत्वों पर प्रभाव डाला और शक्ति का प्रयोग किया। इन तत्वों ने, अलग-अलग संयोजनों में, हमारी दुनिया में प्रकृति और वस्तुओं के सार को समझाने का काम किया।

आपकी राशि, उसके तत्व और जीवन-शैली एक महत्वपूर्ण व्यक्तित्व निभाते हैं।

3- तीन जीवन-शैली की विधि।

चार तत्वों के अलावा, प्रत्येक चिन्ह में एक संबद्धता भी होती है। रहने की शैली को दर्शाता एक संकेत का मूल संचालन मात्र है, या यह स्वयं को कैसे व्यक्त करता है। प्रत्येक चिन्ह एक व्यक्ति के स्वभाव और कार्य पदाति से जुड़ा होता है जिसे 'चतुष्कोणीयता' कहा जाता है - प्रत्येक राशि के लिए चार राशियाँ को समूह से सांकेतिक हैं। जबकि एक ही समूह में संकेत मुख्य गुण साझा करते हैं, प्रत्येक अपनी अनूठी विशेषताओं को बनाए रखता है।

तीन तौर-तरीके हैं: कार्डिनल, फिक्स्ड और म्यूटेबल

कार्डिनल तौर-तरीके या कार्डिनल एक्सप्रेशन प्रारंभिक दशा और दीक्षा का प्रतिनिधित्व करते हैं। सभी कार्डिनल संकेत या तो एक नए सत्र या एक संक्रांति की शुरुआत को चिह्नित करते हैं। कार्डिनल संकेत हैं: मेष Aries (वसंत), कर्क Cancer (ग्रीष्म संक्रांति), मकर Capricorn (शीतकालीन संक्रांति), तुला Libra (पतन)।

इस पद्धति में जन्मे हुए व्यक्तियों को पारंपरिक, नेता और तर्कसंगत माना जाता है। दूसरी ओर, वे आक्रामक और अत्यधिक सतर्क भी हो सकते हैं।

निश्चित तौर-तरीके या निश्चित अभिव्यक्ति, मध्य ऋतु और निरंतरता का प्रतिनिधित्व करती है। निश्चित संकेत सभी एक मौसम के मध्य में शुरू होते हैं। निश्चित संकेत हैं: कुंभ Aquarius (सर्दी), सिंह (गर्मी), वृश्चिक Scorpio (गिरावट) और वृषभ Taurus (वसंत)।

इस पद्धति में जन्मे व्यक्ति को स्थिर और भरोसेमंद माना जाता है। दूसरी ओर, वे जिद्दी भी हो सकते हैं और बदलने के लिए तैयार नहीं हो सकते।

परिवर्तनशील जीवन शैली के या परिवर्तनशील अभिव्यक्ति, अंत के मौसम और परिवर्तन का प्रतिनिधित्व करती है। परिवर्तनशील संकेत ऋतुओं के बीच परिवर्तन के दौरान आरम्भ होते हैं। परिवर्तनशील संकेत हैं: मिथुन Gemini (वसंत से ग्रीष्म ऋतु में परिवर्तन), कन्या Virgo (गर्मी से पतझड़ में परिवर्तन), धनु Sagittarius (सर्दियों में बदलते हुए) और मीन Pisces (सर्दियों का वसंत में परिवर्तन)।

इस पद्धति में जन्मे कोई भी (इस लेख के लेखक की तरह), अनुकूलनीय, लचीला और बहुमुखी माना जाता है। दूसरी ओर, वे बेचैन और अप्रत्याशित भी हो सकते हैं।

मेष Aries (मार्च, 21-अप्रैल, 19)

मेष राशि बारह राशियों में से पहली राशि है और इसका प्रतिनिधित्व नक्षत्र, राम द्वारा किया जाता है। यदि आप इस राशि के तहत पैदा हुए हैं, तो आप साहसी, गतिशील, महत्वाकांक्षी और प्रतिस्पर्धी माने जाते हैं। मेष राशि वाले अपने तेज और नेतृत्व गुणों के साथ-साथ आयेगी (अग्नि तत्व के कारण) और कुंद होने की प्रवृत्ति के लिए जाने जाते हैं।

वृषभ Taurus (अप्रैल, 20-मई, 20)

वृषभ Taurus राशि बारह राशियों में से दूसरी राशि है और इसका प्रतिनिधित्व नक्षत्र वृष द्वारा किया जाता है। यदि आप इस राशि के तहत पैदा हुए हैं, तो आपको समर्पित, भरोसेमंद, केंद्रित और रचनात्मक माना जाता है। वे बुद्धिमान और भरोसेमंद होने के साथ-साथ जिद्दी होने के लिए जाने जाते हैं। वे आनंद की तलाश करना पसंद करते हैं और प्राधिकरण पर सवाल उठाने के लिए जाने जाते हैं।

मिथुन Gemini (मई, 21-जून, 20)

मिथुन Gemini राशि बारह राशियों में से तीसरी राशि है और इसका प्रतिनिधित्व नक्षत्र मिथुन द्वारा किया जाता है। यदि आप इस राशि

में जन्म हुआ है, तो आप ऊर्जावान, अभिव्यंजक, बुद्धिमान और चंचल माने जाते हैं। मिथुन अपने निवर्तमान स्वभाव और विविध हितों के लिए जाने जाते हैं, लेकिन उन्होंने दो-मुंह होने के लिए (संभावित गलत जगह) प्रतिष्ठा अर्जित की है।

कर्क Cancer (जून, 21-जुलाई, 22)

कर्क Cancer राशि बारह राशियों में से चौथी राशि है और इसका प्रतिनिधित्व नक्षत्र कर्क द्वारा किया जाता है, जिसे अक्सर केकड़े के रूप में दर्शाया जाता है। यदि आप इस चिन्ह के अंतगत जन्म लिया है तो आपको साहसी, दयालु, सुरक्षात्मक और सहज माना जाता है। कैंसर अपने देखभाल देने वाले स्वभाव के साथ-साथ दूर और निष्क्रिय-आक्रामक होने की प्रवृत्ति के लिए जाने जाते हैं।

सिंह Leo (जुलाई, 23-अगस्त, 22)

सिंह Leo राशि बारह राशियों में से पाँचवाँ राशि है और इसका प्रतिनिधित्व नक्षत्र सिंह द्वारा किया जाता है। यदि आप इस राशि में जन्म लिया हैं तो आप जीवंत, निवर्तमान और उग्र माने जाते हैं। सिंह राशि वाले अपने गर्म स्वभाव और उच्च आत्मसम्मान के लिए जाने जाते हैं, लेकिन उनमें गर्व या ईर्ष्या की प्रवृत्ति हो सकती है।

कन्या Virgo (अगस्त, 23-सितंबर, 22)

कन्या Virgo बारह राशियों में से छठी राशि है और इसका प्रतिनिधित्व नक्षत्र, युवती द्वारा किया जाता है। यदि आप इस राशि में जन्म लिया है तो आपको व्यावहारिक, विश्लेषणात्मक और परिष्कृत माना जाता है। कन्या राशि वालों को उनकी दयालुता और विस्तार पर ध्यान देने के लिए जाना जाता है, लेकिन उनमें शर्मीले होने की प्रवृत्ति हो सकती है और उनके और उनके प्रियजनों के लिए गलत विधि से उच्च मानक हो सकते हैं।

तुला Libra (23 सितंबर-अक्टूबर, 22)

तुला Libra बारह राशियों में से सातवां है और इसका प्रतिनिधित्व एकमात्र निर्जीव नक्षत्र, तराजू द्वारा किया जाता है। यदि आप इस राशि के अंतगत जन्मे हैं, तो आप संतुलित, सामाजिक और कूटनीतिक माने जाते हैं। तुला राशि वाले अपने निस्वार्थ स्वभाव और साहचर्य के लिए जाने जाते हैं, लेकिन उनमें बहुत अधिक व्यावहारिक और असुरक्षित होने की प्रवृत्ति हो सकती है।

वृश्चिक Scorpio (अक्टूबर, 23-नवंबर, 21)

वृश्चिक Scorpio बारह राशियों में से आठवीं राशि है और इसका प्रतिनिधित्व नक्षत्र, बिच्छू द्वारा किया जाता है। यदि आप इस राशि के

अंतर्गत जन्मे हैं, तो आपको वफादार, साधन संपन्न और केंद्रित माना जाता है। स्कॉर्पियोस अपनी बहादुरी और पथप्रदर्शक स्वभाव के लिए जाने जाते हैं, लेकिन वे कांटेदार और अजनबियों के लिए बंद दिखाई दे सकते हैं।

धनु Sagittarius (नवंबर, 22-दिसंबर 21)

धनु Sagittarius राशि बारह राशियों में से नौवीं राशि है और इसका प्रतिनिधित्व नक्षत्र, धनुर्धर द्वारा किया जाता है। यदि आप इस राशि के अंतर्गत जन्मे हैं, तो आप आशावादी, स्वतंत्र और बौद्धिक माने जाते हैं। वे चुंबकीय और उदार होने के लिए जाने जाते हैं, लेकिन उनमें अभिमानी और बहुत प्रत्यक्ष होने की प्रवृत्ति हो सकती है।

मकर Capricorn (दिसंबर, 21-जनवरी 19)

मकर राशि बारह राशियों में से दसवां है और नक्षत्र, समुद्री बकरी द्वारा दर्शाया गया है। यदि आप इस राशि के अंतर्गत जन्मे हैं, तो आप धैर्यवान, मेहनती और अनुशासित माने जाते हैं। मकर राशि वाले अपने तप और सीमाओं और नियमों के लिए वरीयता के लिए जाने जाते हैं, लेकिन उनमें जिद्दी होने और पूर्णता पर बहुत अधिक ध्यान केंद्रित करने की प्रवृत्ति हो सकती है।

कुंभ राशिAquarian (जनवरी 20-फरवरी 18)

कुम्भ Aquarian राशि बारह राशियों में से ग्यारहवां है और इसका प्रतिनिधित्व नक्षत्र, जल वाहक द्वारा किया जाता है। यदि आप इस राशि के अंतर्गत जन्मे हैं, तो आपको अभिनव, वफादार और मौलिक माना जाता है। वे अपनी रचनात्मकता और विद्रोही स्वभाव के लिए जाने जाते हैं, लेकिन उनमें प्रियजनों से अलग रहने और समझौता न करने की प्रवृत्ति हो सकती है।

मीन Pisces (फरवरी 19-मार्च 20)

मीन Pisces राशि बारह राशियों में से अंतिम है और इसका प्रतिनिधित्व नक्षत्र, मछलियों द्वारा किया जाता है। यदि आप इस राशि के अंतर्गत जन्मे हैं, तो आप सहज, रचनात्मक और सहानुभूतिपूर्ण माने जाते हैं। मीन च्पेबमे राशि वाले अपनी करुणा और कलात्मक प्रकृति के लिए जाने जाते हैं, लेकिन उनमें बहुत अधिक संवेदनशील या भ्रमित होने की प्रवृत्ति हो सकती है।

अध्याय 14
मेरी पुस्तकों के कुछ उल्लेख।

मैं आपको यह बताना चाहूंगा कि जिस समय मेरे द्वारा एक पुस्तक, "Miracles Through My Eyes" लिखी जा रही थी, मेरे मन मस्तिष्क में अजीबो गरीब विचार आ रहे थे जो मुझसे कुछ कहने का प्रयास कर रहे थे। मैंने इस बात का इस पुस्तक में वर्णन किया हैं। मेरी अंतरात्मा मुझको लिखने के लिए बाध्य कर रही थी कि कुछ बड़ी विश्वरूपी घटना घटित होने जा रही है। यह पुस्तक 2019 में लिखी गयी थी और उसके पहले कुछ घटनाएं जो विश्व में घटित हो रही थी जो मानव जाती के लिए दुखद थीं जिसको मैंने इस पुस्तक में लिखा है। इसके कुछ अंश मैं यहाँ प्रस्तुत कर रहा हूँ। हालांकि मेरी सभी पुस्तकें दूसरी पुस्तकों से हटकर हैं और यह पाठकों के लिए और उनके जीवन में बदलाव के लिए लिखी गयीं हैं।

A- "Miracles Through My Eyes" के सर्वश्रेष्ठ पुस्तक-दिनेश सहाय लेखक मेंटर

(यह पुस्तक अगस्त/सितंबर 2019 में लिखी गई थी और 2019 में 23 अक्टूबर को प्रकाशित हुई थी)।

B- "Can I Create What Stars Can't Foretell?" (बेस्टसेलर)

C- "Story of Unbelievable Miracles of Life " (पुरस्कृत पुस्तक)

D- "Enlighten the Lamp of your Fortune" अपने भाग्य के दीपक को रोशन करें

E- "जीवन के कुछ अद्भुत पल"

F- "Art of Staying Young While Growing Old"

G- "मस्तिष्क और विचारों से जीवन की रचना कैसे कर"

H- "A Yogi's Journey from Palace to Ashram"

I- "वृद्ध होने पर युवा रहने की कला"

जब आप अपनी इच्छा के लिए भगवान से प्रार्थना करते हैं?

'भगवान हमेशा प्रत्येक इच्छा अथवा प्रार्थना को पूरा करते हैं यदि आपके पास करने को दृढ़ निश्चय हो, उस पर अटूट विश्वास, जमीन पर दृढ़ संकल्प और कार्रवाई हो, और जब यह सब किसी के जीवन में प्रकट होता है, तो यह जीवन का चमत्कार बन जाता है। जीवन में कुछ भी घटित नहीं होता है बगैर ईश्वर की कृपा से। इच्छाएं उस समय पूर्ण

होती हैं जब निजी स्वार्थ या उद्देश्यों के बिना सही रास्ते पर होते हैं। परन्तु स्वार्थी और विनाशकारी उद्देश्यों के लिए किए जाने पर ऐसा होता है तो उसके साथ ही जीवन में विपत्तियां भी आती हैं'।

गंभीर रोगों का कारण क्या हैं ?

'सभी रोग स्व-निर्मित हैं और वे किसी कारण से आते हैं और यह गलत सोच, गलत कार्यों से एक बीमारी में बदल जाता है जो प्रकृति, ब्रह्मांड और भगवान के नियमों के विरुद्ध होता है। जब आप भगवान द्वारा निर्धारित नियमों की अवहेलना करते हैं तो उसकी प्रतिक्रिया जीवन में होती है। यह जान कर आपको अपने विचारों में बदलाव करना होगा जब मृत्यु के विषय में आप यह समझें, यहाँ तक कि मृत्यु भी मनुष्य के जीवन के किसी पड़ाव पर उसके नकारात्मक, बुरे विचारों, बोले गए शब्दों और कार्यों की रचना है। इस विषय में अपने बोल सही होने चाहिए। जीवन की सभी अच्छी घटनाएँ भी मनुष्य के विभिन्न चरणों में उसके अच्छे और सकारात्मक विचारों के माध्यम से निर्मित होती हैं। रोगों का दूसरा कारण बुरे कर्मों का होना है जो 'कारण और प्रभाव सिद्धांत' की व्याख्या के प्रभाव से होता है।'

आपके लिए सबसे बड़ा निवेश क्या है?

'किसी व्यक्ति के लिए सबसे बड़ा निवेश (जो कि कई अमीर हस्तियों द्वारा समय परीक्षण किया गया है) हर महीने धर्मार्थ कारण के लिए अपनी मासिक आय का 10% देना होगा यदि आप एक वेतनभोगी वर्ग हैं, और यदि आप एक व्यवसायी या कंपनी हैं, तो आपको धर्मार्थ कारण के लिए सालाना 10% योगदान देना होगा।'

'सबसे बड़ा निवेश स्वार्थी उद्देश्यों के साथ धन की बचत और सृजन में नहीं है। हालांकि आपको सफलता मिल सकती है, यह समृद्धि लंबे समय तक चलने वाली नहीं होगी और बाद के चरण में धन कई दुर्भाग्य पूर्ण तरीकों से धीरे-धीरे चला जाता है।'

जीवन में सफल कैसे हों ?

'यदि आप आराम से एक सफल जीवन चाहते हैं और साथ ही बहुतायत और धन चाहते हैं तो मेरे दोस्त, आपको दूसरों की परवाह करनी चाहिए। आपको किसी भी रूप में दशमांश, दान, मानव सेवा का उपयोग करने में मदद करने के लिए अपने सभी प्रयासों को शुरू करना चाहिए और गरीबों, असहाय, जरूरतमंद और वंचितों की मदद करें।'

मानव जाति के लिए प्रकृति का आह्वान

(यह एक भविष्यवाणी जो मैंने इस पुस्तक में लिखी थी कोरोना वायरस (Covid-19 Pandemic) के रूप में प्रकट हुई है जो कि

आश्चर्यजनक है)।

'प्रकृति मानव जाति को संकेत दे रही है कि वे इस पृथ्वी के विनाश के करीब जा रहे हैं क्योंकि यह पृथ्वी के मानव निर्मित विनाश का एक कारण और प्रभाव है और सभी पापों, घृणा, असत्यता और हिंसा के साथ सदियों से चली आ रही है और इसके खिलाफ कार्रवाई की है ब्रह्मांड और प्रकृति के सिद्धांत। परमात्मा से जुड़े लोग पृथ्वी की मृत्यु और विनाश के चंगुल से बच सकते हैं। हमने सुनामी, भूकंप, बवंडर, ग्लोबल वार्मिंग और ज्वालामुखी विस्फोट के रूप में कई बड़ी तबाही देखी है और दुनिया आने वाले समय में और बड़ी घटनाओं की ओर बढ़ रही है।'

'आइए हम सभी मानवता के लिए शांति और सद्भाव के लिए प्रार्थना करें और इस दुनिया को प्रेम, करुणा, सच्चाई, अहिंसा, आतंकवाद के अंत और किसी भी देश के साथ बिना किसी युद्ध के पृथ्वी पर शांति के हमारे कार्यों से जीने के लिए एक बेहतर जगह बनाएं। वहां रहने दें। विश्व में एकल शासन होगा, एक धर्म का शासन, प्रेम का धर्म, शांति, समृद्धि और सभी का स्वस्थ जीवन।'

(अक्तूबर 2019 में प्रकाशित मेरी पुस्तक 'मिरेकल्स थ्रू माई आइज़' (Miracles Through My Eyes) जिसमें कुछ बड़ी दुर्घटना की भविष्यवाणी लिखी है)

क्षमा की शक्ति

'उन सभी लोगों को क्षमा करें जो प्रायः अनुचित, आत्मकेंद्रित या आप पर स्वार्थ का आरोप लगाते हैं और जो कुछ आपके बारे में कहा जाता है उसे भूल जाते हैं। यह आपका अपना आंतरिक प्रतिबिंब है जिसे आप बाहरी दुनिया में देखते हैं।'

इसे एक कागज के टुकड़े पर व्यक्तियों के नाम लिख दें;

1- आपके शत्रु कौन हैं,

2- जिसे आप पसंद नहीं करते,

3- जिन्होंने आपको जीवन में अतीत में आहत किया है और आप उनसे नाराज हैं,

4- आपका कोई बॉस Boss, अधीनस्थ subordinates, सहकर्मी हो,

5- या कोई भी जिस पर आप आहत हैं।

फिर एक लाइन को स्व-निर्मित सुझाव के रूप में पढ़ें और उन्हें एक-एक करके देने के लिए कुछ मिनट के लिए एक लाइन पढ़ें और धीरे-धीरे पढ़ें;

'मैं क्षमा करता हूँ और भूल जाता हूं ... व्यक्ति का नाम) .... जिसने मुझे कभी आहत या दुखी किया था? मैं अब स्वतंत्र हूं। धन्यवाद।'

आप देखेंगे कि ऐसे व्यक्ति आपके संपर्क में होंगे या चमत्कारी तरीके से आपके साथ फिर से संपर्क बनाए रखेंगे।

विचार की शक्ति

'विचार में एक जबरदस्त कंपन शक्ति होती है जो असीमित गति से चलती है और मनुष्य के जीवन में सभी रचनाएं बनाती है। प्रत्येक विचार उस आवृत्ति तक कंपन करता है जिसके साथ इसे किसी व्यक्ति द्वारा बनाया गया था, चाहे वह अच्छा हो या बुरा, चेतन और अवचेतन के अनुसार यात्रा करता है अंतरिक्ष और ब्रह्मांड में। यह घटनाओं को बनाता है और घटित करता है रचनात्मकता के रूप में पुरुष या महिला या पदार्थ (वस्तु) की आध्यात्मिक और भौतिकवादी दुनिया में अभिव्यक्ति जन्म के लिए समय और ऊर्जा के साथ कंपन करता है।'

'यदि आप बड़ा सोचते हैं और नवीन विचार लेते हैं, संसाधनों के बिना और सीमाओं के बिना बड़े सपने देखते हैं, सही सोच के साथ, सही कार्य करते हैं, मन में शांति का आनंद लेते हैं। जब आप दूसरों को उनकी प्रशंसा, आशीर्वाद, धन्यवाद से उन्हें कुछ प्रसन्न करते हैं या अपने साथ दूसरों की सेवा करते हुए आप तन, धन, धन और ज्ञान से विशेष रूप से गरीबों और जरूरतमंद के लिए आपके पास जो भी संसाधन हैं, तो आपको निश्चित रूप से इसके तुरंत बाद सर्वशक्तिमान ईश्वर द्वारा पुरस्कृत किया जाता है।'

सच्चा प्रेम और मित्रता

'दोस्ती शरीर और मन का संपर्क नहीं है, बल्कि यह हमारे आस-पास के सभी लोगों के बीच एक आत्मा से आत्मा का संपर्क है। सच्चा प्यार दो व्यक्तियों के बीच बिना शर्त है, और जो एक-दूसरे से प्रेम करने और भविष्य की यात्रा के लिए भागीदारों का चयन करने की सही विधि है। आइए इस तथ्य पर विश्वास करें।'

विचार और बोले गए शब्द

हर विचार में जीवन में एक क्रिया या घटना विकसित करने की शक्ति होती है जो आपके जीवन के किसी न किसी चरण में जाने-अनजाने में प्रकट होती रहती है, लेकिन अगर यह इस जन्म में यहां प्रकट नहीं होती है, तो यह किसी अन्य जन्म में प्रकट होगी। अपने शब्दों को देखें; वे हैं आपके जीवन चक्र और आगामी जीवन के निर्माण के लिए महत्वपूर्ण हैं।

जीवन में असफलता का कारण

'संदेह और भय जीवन में असफलताओं के मुख्य कारण हैं, नकारात्मक विचार और बोले गए शब्द मनुष्य के लिए इसे बनाए रखना और अधिक कठिन बना देते हैं।'

'बहाना बंद करिये, ढिलाई की प्रवृति छोड़ें और असफलता या सफलता के बावजूद सकारात्मक कार्य करें जब तक कि तुम कहीं न पहुंच जाओ।'

आस्था मनुष्य को ईश्वरीय उपहार है जिसके माध्यम से वह मनुष्य के तीन गुणों (स्वभावों), सात्विक (अच्छाई, राजसिक (जुनून) और तामसिक (अज्ञान) के आधार पर अपने बोले गए शब्दों और विचारों के साथ भाग्य में सभी अभिव्यक्तियों को बनाता है और लाता है।

आप अपने कर्मों के कारण हैं

'भगवत गीता 3.31-32 भगवान कृष्ण कहते हैं, 'जो लोग बिना शिकायत के ईश्वरीय नियमों का पालन करते हैं, वे विश्वास में दृढ़ता से स्थापित होते हैं, वे कर्म से मुक्त हो जाते हैं। जो लोग इन कानूनों का उल्लंघन करते हैं, आलोचना करते हैं और शिकायत करते हैं, वे पूरी तरह से भ्रमित हैं, और वे अपने स्वयं के दुख का कारण हैं।'

संविधान निकाय और उसकी इंद्रियों की वैदिक अवधारणाः

वैदिक लिपियों के अनुसार, संस्कृत में, इंद्रियों को इंद्रियों, या इंद्र के एजेंट, स्वर्ग के भगवान के रूप में जाना जाता है। हिंदू धर्म या सनातन धर्मों में, यह शरीर के सूक्ष्म जगत में देवत्व का प्रतिनिधित्व करता है और पंद्रह इंद्रियों को पहचानता है, अर्थात् पांच कर्मेन्द्रियां (कर्मेंद्रियां), पांच ज्ञानेंद्रियां (ज्ञानेंद्रियां) और पांच सूक्ष्म इंद्रियां (तन्मंत्र)। मन को शासक, 'इंद्र' कहा जाता है।

होश Senses:

कर्मेंद्रियां गुदा (पयू), यौन अंग (उपस्ता), पैर (पाद), हाथ (पाणि), और वाक् (Speech) हैं। ये शरीर की क्रियाओं और गतिविधियों के लिए हैं।

ज्ञानेंद्रियां आंखें (चक्सू), कान (स्त्रोत्र) और नाक (घराना), जीभ (रसना) और त्वचा (त्वचा) हैं। ये दस इंद्रियां हैं जो शरीर की हैं, और फिर मन आता है और भगवत गीता के अनुसार, 'मनहसस्थनी इंडियानी'(15. 7), इंद्रियों के नियंत्रक जिसका शासक इंद्र है, स्वर्ग का शासक है, जबकि देवताओं से जुड़ा हुआ है पांच इंद्रियों।

इसके अलावा, कुछ सूक्ष्म इंद्रियां (तन्मंत्र) हैं जो संवेदना या छाप हैं जिनके द्वारा हम वस्तुगत सांसारिक सृजन का अनुभव करते हैं और